그 길 위의 모든 것들

"고마워"

그 길 위의 모든 것들

"고마워"

ISBN 979-11-983203-0-8

초판 1쇄 | 2023년 5월 8일

초판 2쇄 | 2023년 7월 21일

초판 3쇄 | 2024년 11월 18일

글 | 황주하

편집·디자인 | 황주하

펴낸 곳 | 해바람나무

주소 | 서울특별시 중구 서대로 23 3층 3472호

이메일 | hwangsn1205@gmail.com

*책의 무단전제와 무단복제를 금합니다.

*책 내용의 전부 또는 일부를 이용하려면 저작권자와 출판사의 동의를 얻어야 합니다.

*잘못된 책은 바꾸어 드립니다.

갑작스러운 사고로 아버지를 잃은 후의 3년 4개월간의 일기를 엮어
서툴지만 한 권의 책으로 만들었습니다.

한번씩
사실 좀 더 자주
누구나 겪는 일을 유난스레 드러내는 것이
속을 끄집어 드러내는 것이 두렵기도 했지만
책의 몇 문장이 우연히 방송에서 소개된 후
"아버지를 잃은 마흔셋의 아내에게 이 책을 선물하고 싶습니다."
라는 어느 분의 글이 저를 계속 움직이게 했습니다.

한 줄 한 줄 읽어 내려가며 함께 울고 웃고 걷고
그러다 제가 그랬듯 다시 해와 바람을 마주할 수 있게 되기를
진심으로 소망합니다.

상실과 애도 그리고 치유의 여정을 가감 없이 기록한 일기 형식의 글이기에
시중의 책들과는 사뭇 다른 구성이지만
그러한 특징이 자연스러움으로 읽힐 수 있기를 또한 희망합니다.

끝으로,
부족한 책을 소개해 주시고,
변진섭 님의 〈아빠가 딸에게〉라는 아름다운 노래를 함께 들려주신
〈윤고은의 EBS 북카페〉에 감사의 마음을 전합니다.

1301일

프롤로그   6

날개가 사라졌다   ㅣ   Before the Camino   8

산티아고 순례길 위에서   ㅣ   On the Camino   74

첫 번째 순례길   ㅣ   기적   76

두 번째 순례길   ㅣ   치유   96

다시, 따사롭게 걷기   ㅣ   After the Camino   210

에필로그   238

프롤로그

'아빠'보다는 '아버지'라 부르는 것이 더 어울리는 나이가 된 후 아버지를 잃는다는 건, 단단하게 슬퍼해야 함을 의미했다. 비틀거린다는 것은, 철이 없거나 혹은 그럭저럭 살만한 덜 고단한 인생을 살고 있음을 의미하는 것일 테니.

안타깝게도 나의 마흔은 어른스럽기는커녕, 슬픔이나 절망을 감추거나 막아낼 만큼 다부지기는커녕, 까맣게 타 바스러지는 종잇장 같았다.

고아는 부모를 잃은 아이를, 과부는 남편을 잃은 여자를, 홀아비는 아내를 잃은 남자를 뜻한다. 자식을 잃은 부모의 고통은 감히 헤아릴 수 없기에 이름조차 붙일 수 없다 했다. 그렇다면 마흔이 넘어 '고작' 부모 중 한쪽을 잃은 어른에게는 어떤 꼬리표가 적절할까. 마땅한 꼬리표가 있었다면 드러내어 당당히 애도할 수 있었을까.

언젠가는 맞닥뜨리게 될 것이라 어렴풋이 짐작했지만, 결코 한 번도 예측하지 못했던 방식으로 찾아온 상실은 나를 그곳 그 길 위로 보냈다.

아빠가,
언젠가는 자전거를 타고 가보고 싶다 했던 산티아고 순례길.
나는,
아버지를 보낸 후 그 길 위에 홀로 올랐다.

아빠와 도윤

날개가 사라졌다

Before the Camino

1일
방문이 열린다. 엄마가 두 손으로 얼굴을 감싸 쥐며 말한다.
"아빠가 교통사고로 지금 응급실에 계신대…"

-

뇌가 피로 가득 차 가망이 없다고 말하는 의사의 말에 그 자리에 주저앉는다. 왼쪽으로 고개를 돌리니 엄마는 넋이 나간 듯 응급실 간이 의자에, 두 칸 옆의 정원이는 두 발과 두 팔을 축 늘어뜨린 채 멍하니 천정을 올려다 보며 미끄러지듯 앉아 있다. 나는 아빠의 옆으로 가 누워있는 아빠의 귀에 대고, 할 수 있는 한 가장 밝고 경쾌한 목소리로 말을 한다.
"아빠, 걱정하지 말아요. 괜찮을 거래요. 오빠는 지금 내려오고 있고, 엄마랑 정원이랑 나는 여기 모두 같이 있어요. 바로 옆에 있어요. 도윤이랑 언니도 금방 올 거예요. 걱정하지 말아요. 다 괜찮으니 걱정하지 말아요."

뜨지 못하는 아빠의 두 눈 앞머리에 크고 투명한 유리알이 맺힌다.

뇌와 장기가 망가진 사람의 얼굴이라 믿을 수 없을 만큼 깨끗한 얼굴과 달리, 나와 똑 닮은 투박한 손은 사고 당시 아빠가 어떻게 반응했는지를 짐작하게 한다. 벌어져 있는 아빠의 입 안으로 피가 가득 차 오른다. 간호사에게 피를 빼달라 부탁한다.

수술을 해도 가망이 없을 것이라는 의사에게 묻는다.
"선생님 아빠라면 어떻게 하시겠어요?"
"저라면 수술은 안 할 것 같습니다."
아빠의 입안으로 순식간에 다시 피가 차오른다.

수술이 끝난 후 중환자실로 옮겨진 아빠는 여전히 눈을 뜨지 못한다. 귀에 대고 무언가를 말할 때 두 눈 앞머리에 다시 투명하게 눈물이 맺힐 뿐이다. 길지 않은 시간이 흐른 후 의사가 말한다.

인사를 하라고.

……

그렇게, 사고 후 채 스무 시간이 되기도 전, 종아리와 허벅지가 아직 따뜻했던 나의 아빠는 사망선고를 받았다. 작은 화면에서 깜박거리는 녹색 선은 드라마도, 영화도 아니었다.

'뜨거운 눈물'은, 그저 소설에서 시에서 나오는 과장된 문학적 표현일뿐이라 생각했다. 눈물이 정말로 뜨거울 수 있다는 것을, 검은 상복을 입고서야 알았다. 어느 장기에선가, 세포에선가 흐르는 투명한 피라는 것을 그제야 알았다.

이제, 퇴근 후 반찬이나 돼지고기 소고기가 담긴 검은 비닐봉지와 손자의 유치원 가방을 경쾌하게 달랑달랑 흔들며 집으로 들어서는 시끌시끌한 나의 아빠를 다시는 볼 수 없다.

한 쪽 날개가 사라졌다.

8일

아빠의 축구가방은 돌아오지 않는 주인을 기다리며 베란다에 덩그러니 놓여 있다. 일주일째 아빠 자리에서 자고 있지만 꿈에 보이질 않는다. 오늘은 버스를 타고 만연사에 가, 아빠에게 안식을 평안을 달라고, 모든 근심 걱정 짐 내려놓고 훌훌 털고 편하게 지내실 수 있게 해달라고 절을 하고 돌아왔다.

남은 식구들에게 같은 아픔을 줄 수는 없으니 일단 살아내 보기로 한다. 수십 년 정성을 들였는데 시들어버리긴 미안하니 살아보기로 한다.

유치원 버스에서 내린 도윤이와 건널목을 건너며, "왼쪽, 오른쪽도 잘 봐야지."라고 하니, "할아버지도 올려다보고."라고 말한다.

10일

왜인지 자꾸 땅만 보고 걷는다. 죄를 지은 것도 아닌데 고개가 들리질 않는다. 도윤이는 유치원 버스에서 내리더니 곧바로 왼쪽, 오른쪽을 두리번거린다. 3년을 매일같이 할아버지가 마중하고 배웅했으니 당연하다. 집으로 오는 길. 수다쟁이가 말 한마디 하지 않고, 장난 한 번을 치지 않는다.

11일

왜 그런 방식이어야 했을까. 왜 하필 내 아빠여야 했을까. 인사를 나눌 시간조차 허락하지 않고 어떻게 그렇게 데려갈 수 있을까. 사고 직후부터 심장이 멈춘 마지막 순간까지 얼마나 두려웠을까. 얼마나 고통스러웠을까. 편히 눈 감지 못했을 그 마음이 어땠을까. 이건 벌이 아닐까. 이렇게 사람을 데려가 버리는 건, 전생이든 이생이든 남은 이들이 죽을 죄를 지은 거라고 밖에는. 그렇지 않고서야 이럴 수는 없다.

12일

도윤이는 요즘 고모가 원하는 것을 모두 들어준다. 안아달라면 안아주고, 무엇을 부탁하든, "그래, 고모가 하고 싶은 대로 해."라고 말한다. 고모를 놀릴 때면, "고모한테 그러면 안 돼."라고 하던 할아버지를 기억하는 걸까, 아니면 웃고 있어도 슬퍼 보여서일까.

남은 이들에게 주어진 지금의 이 어지러운 상황들은 아빠의 선물이 아닐까. 한심하게 울고 있지 말고, 정신 차리고 야무지게 일을 수습하라는 아빠의 배려일까.

아빠가 도윤이에게 선물했던 지구본 옆에 아빠의 사진을 두고 매일 음식을 놓아드린다. 맛있게 드시고 여기저기 마음껏 가시라고.

아빠, 태풍 이름이 '링링'이래요. 시원하게 비도 맞고 바람도 맞으면서, 레만 호수 앞에서 또 맥주 한 잔 시원하게 들이켜 보세요. 이제는 자유로우니 얼마나 좋아요.

13일

마지막 인사를 하라던 의사의 말에, 아빠의 귀에 대고, "아빠, 다음엔 꼭 내 아들로 태어나요, 사랑해요."라고 했다.

병신.

"아빠, 괜찮대요. 아빠만 힘을 내면 다 잘될 거래요."라고, 온 힘을 다해 버틸 수 있게, 기운을 낼 수 있게, 그렇게 말해줬어야 했는데 다음 생엔 내 아들로 태어나라니... 누구라도 포기하게 만드는 병신같은 말을 해버리다니...

아빠, 오늘 아침은 두부 계란부침이에요. 맛있게 드세요.

15일
꿈이 아닐까. 지금 혹시 꿈을 꾸고 있는 것은 아닐까.
작고 작고 작은 점이 되어 사라져 버릴 수는 없을까.

17일
아빠, 맥주랑 잣은 맛있게 드셨어요? 어제는 상이 좀 푸짐했네요. 오늘 특식은 계란, 딸기잼, 치즈를 넣은 토스트, 우유, 사과예요. 딸기잼을 듬뿍 넣고 달달하게 만들었어요. 이제 당뇨 걱정은 없으니 맘껏 드세요.
"오늘 특식은 뭐야?"라고 묻는 아빠 목소리가 평생 귓가에 맴돌 것 같아요.

18일
괜히 절에 다니기 시작해서 아빠에게 이런 일이 생겼을까. '아빠에게 평화를 주세요.' 라는 기도가 잘못 받아들여졌을까. 범능 스님의 노래를 너무 자주 들어 이런 일이 생겼을까. 마치 육자배기 가락 같다고 아빠가 말했던, 내가 끄적이는 암울한 시들 때문이었을까. 아빠와의 인연이 약한 팔자라 했는데 괜히 다시 한 집에 살기 시작해서였을까.

20일
문을 열고 나가면, 아빠가 들으란 듯 소리 내 하품을 하거나, 배가 고프다는 신호를 보낼 것만 같다. 아빠의 동선, 동작, 목소리, 웃음소리, 표정이 종일 눈앞에 떠다닌다. 귓가에 선명하게 울린다. 아빠가 진하게 흐르는 집 안에 있기가 어렵다. 공기가 무겁기만 하다. 새로 데려온 금붕어는 어제 또 소라 안에 들어가 하늘로 가 버렸다. 네 마리째다.

어제 엄마의 꿈에는 강물 위의 아빠가 보였다는데 이제야 건너고 계신 걸까.

아빠, 호두마루는 맛있게 드셨어요? 오늘 저녁은 만두 구워드릴게요. 아빠가 맛있다고 했던, 우리가 요즘 자주 먹었던 그 만두예요.

22일

존재했다는 사실이 무색할 만큼, 과연 존재하긴 했었나 싶을 만큼 이렇게 홀연히 사라져버릴 수 있는 거라면, 하루를 더 사는 것이, 십 년을 더 사는 것이, 그렇게 생명을 지속시키는 것이 무슨 의미가 있을까.

어떻게 사는 것이 떠난 이에게, 그리고 남은 이에게 좋은지 생각하자. 떠난 사람을 기억하는 것은, 또 기억하지 않는 것은 무슨 의미가 있는지 생각해 보자. 1년을 더 사는 것과 10년을 더 사는 것이 무엇이 다른지 생각해 보자. 살 이유를 찾아보자.

날씨가 이토록 따뜻한데 아빠만 없다. 도대체 어디로 간 건지 알 수가 없다.

염색을 그렇게 자주 하면, 단 걸 그렇게 많이 먹으면, 운동을 그렇게 과하게 하면 큰일이 난다고 그리도 잔소리를 했는데, 이렇게 인사도 하지 못하고 헤어질 줄 알았다면 벙어리처럼 입을 닫고 백번이고 천 번이고 웃어만 드렸을 텐데. 아빠 원하는 것 모두 다 하시라고, 모두 다 드시라고 백치 같은 딸이 되어드렸을 텐데. 소주 맥주 막걸리 온갖 술 마음껏 드시라고 몽땅 사다 안겨 드렸을 텐데.

얘기하고 싶어하실 때 이런저런 온갖 얘기 다 들어 드릴 것을.
'딸내미가 이렇게 나를 사랑하는구나.' 느낄 수 있게 자주 안아드릴 것을.

날개가 사라졌다

한쪽 날개로만 사는 법을 배워야 하는 건지
한쪽 날개로는 영영 다시 날 수 없는 건지

살아내는 건 어떤 의미가 있을 지

, 혹은 없을지

43일
 아빠는 과연 아빠에게 일어난 일을 잘 받아들이고 있을까. 그저께 꿈에 아빠를 봤다. "아빠, 미안해요, 사랑해요."라고 하는데도 답이 없다.

57일
 어제는 사진관에 가 아빠의 사진을 확대해 액자에 끼워 넣었다. 돌아오는 길, 신호등에 서 있던 백발의 할아버지를 보고 멈칫한다. 누군가는 백발이 되도록 허리가 굽도록 오래도록 잘만 숨을 쉬는데. 당장 하루에만도 하늘로 가는 이들이 넘쳐 나는데 그럼에도 나는 억울함이 넘친다.
 요즘 기도를 하며 잠든다. 아침에 눈 뜨지 않게 해달라고.

아빠, 나 데려가도 좋아요...

60일
 오늘 아침, 사진을 보면 더 눈물이 나니 잠시 치워두자 말하는 엄마에게, 그러면 아빠가 외롭지 않겠냐며 그냥 두었다. 40년을 함께 산 남편을 잃은 엄마보다 유난을 떤다. 철딱서니가 없다.

61일
 어두운 거실에서 노트북을 열고 글을 써 내려간다. 이쯤 되면 자리에서 일어나 환하게 불을 켜주는 아빠가 있어야 하는데, 그저 어둡기만 하다.

 다시 아빠 엄마와 살았던 1년 6개월은 돌이켜보면 누군가 준 선물이었다. 아빠 엄마가 거실에서 잠이 들면, 불이 꺼진 거실에 나와 현관문 고리를 걸고 문단속을 한다. 새벽에 춥지 않게, 바람이 들어오지 않게 베란다 창문을 단속한다. 혹시 코를 고는 소리가 들리지 않으면 조용히 다가가 코 아래로 슬며시 손을 가져다 대어 본다.

식구들과 평범함을 누리는 순간순간, 함께 밥을 먹고, 웃고, 걷고 했던 그 많았던 틈들. 행복하다고 느꼈음에도 왜 말하지 않았을까. 같이 있어서 지금 무척 행복하다고 왜 말해주지 않았을까.

아빠가 떠나기 얼마 전, 함께 밥을 먹다 나는 느닷없이 이런 말을 했다.
"전엔 아빠랑 어딜 가면 뿌듯했는데 이젠 창피해요."

이유를 묻지도 않고, 아무 소리도 듣지 못한 듯, 아무 대답도 하지 않고 tv로 눈을 돌린 아빠에게 나도 굳이 이유를 말하지 않았다. 전처럼 웃고 다니시라는 뜻이었는데, 아빠는 다른 생각을 했을지도 모르겠다.

찰흙으로 잘 빚어 다시 살릴 수 없을까...

아빠, 그냥 살아나요. 그냥 좀 살아나줘요. 제발.

62일
동네를 한 바퀴 돌고 커피 한 잔을 사서 들어오던 길. 요즘도 한 번씩 문 앞에 반찬을 두고 가주시는 엄마의 친구분을 마주쳤다. 아줌마와 눈이 마주치는 순간 눈물이 죽 흘렀고, 아줌마 역시 얼굴이 빨개지시며 눈물을 글썽이신다. 내가 힘이 돼야 한다고, 엄마는 어떠냐고, 나는 어떠냐고 물으신다. 울지 않고 하루를 보낼 수 있었는데 보기 좋게 실패다.

다시 카페로 들어가 자리를 잡고 앉는다. 노트북도 책도 가지고 나오지 않아 휴대폰을 만지작거리다, 아빠의 동영상들을 하나씩 하나씩 이메일로 전송하기 시작한다. 어깨가 들썩거린다.

63일
주말에 외갓집에 갔던 도윤이가 현관에 들어서더니 민망한 듯 웃으며 말한다. "어..? 나 할아버지가 있는 걸로 생각했어."
그러더니 방에서 할아버지가 사 준 빨간 모자 두 개를 가지고 나와 번갈아 써 본다. "완전 딱 맞네."
누가 봐도 작은 모자를 딱 맞다며 눌러 쓴다.
"좀 작지 않아?"라고 하니, "그러네."라며 벗어 할아버지 이불 위에 나란히 내려놓는다.

아빠, 오늘은 도윤이가 할아버지 생각이 많이 나나 봐요. 자러 방에 들어갔다 다시 나오더니 할아버지 자리에 누워 tv를 보다 들어가고, 다시 나왔다 들어가네요.

...우리 두고 어떻게 혼자 이렇게 쏙 빠져나가요.

65일
서울에 올라왔다. 광화문을 지나쳐 걷는데, 도대체 어떻게 표현해야 할까. 눈에 얇은 회색 막이 씌어진 것 같다. 안개처럼.
모든 것이 다 뿌옇다. 아무 색깔이 없다. 이게 뭘까.

아이엘츠(IELTS) 시험이 끝난 후 엄마에게 전화를 하니 친구분들과 식사 중이시다. 엄마가 가족이 아닌 사람들과 만나는 첫 외출이다. 맛있는 것 드시라 말하고 전화를 끊은 후 서둘러 아빠에게 전화를 걸었다.

... 아무리 생각해도 몇십 년은 길다.

68일

그래도 70년을 살아주셔서 감사하다고. 나의 이십대, 삼십대에도 건강하게 곁에 있어 주셔서 고맙다고. 어려서 부모를 잃는 사람들이, 부모 얼굴도 모르는 사람들이 수두룩한데, 자식 셋이 모두 마흔이 될 때까지 건강히 살아주셨으니 고맙다고.

그리 생각하니 한결 낫다.

서울에 있는 동안 엄마가 혼자 울까 걱정돼 아빠 액자를 눕혀 놓았었는데 다시 돌려놓는 것을 잊었다. 학원에서 돌아온 도윤이가 묻는다. "고모, 할아버지 사진 왜 이렇게 해놨어?"
"응, 할아버지도 좀 쉬셔야 할 것 같아서." 라고 하니, 다시 할아버지의 얼굴이 보이도록 액자를 세워 놓는다.

아침에는 할아버지가 사 준 선글라스를 낀 채 말한다.
"거기 있는 선글라스 중 제일 비싼 거였어. 오만 구천 원이야."

71일

엄마와 나는 한참을 고민하다 결국 아빠가 화를 냈을 법한 결정을 했다. 굿을 하기로 했다. 난생 처음이다.

굿할매는 집에 들어오더니 아직 아빠가 집에 계신다 한다. '아직 우리와 계시는구나..' 마음이 놓인다. 굿할매가 다시 말한다. 아빠의 옷과 물건을 모두 버려야 한다고. (아빠의 여권, 아빠를 병원에 실어 나른 구급차의 주차 카드, 지갑에 있던 시 스크랩 조각 5장, 아빠의 수저와 젓가락, 딸이 사줬다고 여기저기 자랑했던 팔목 보호대는 잘 숨겨두었으니 괜찮다.)

집에서의 '의식'이 끝난 후에는 아빠의 사무실로 가 비슷한 의식을, 다음에는 사고가 났던 자리로 가 또 다른 낯선 의식들을 치러내었다. 아직 사고의 흔적이 남은 그 지점에서 사고가 났던 그 시간에 우리는 굿할매가 시키는 대로 묘해 보이는 것들을 해내었다. 가여운 닭 위에는 차마 앉지 못했다.

누군가 시끄럽다며 경찰서에 신고를 했다.

그렇게 세 곳에서 세 번의 각기 다른 굿을 하는 동안, 굿할매가 열심히 아빠를 보내는 동안, 나도 온 마음으로 기도했다. '아빠, 가지 말고 머물러요. 절대 가지 말아요. 우리 옆에 있어요.'라고 온 마음으로 빌었다.

누군가는 '망자'를 보내는 기원을 하는 동안, 또 다른 누군가는 머물러 달라 애원하는 기묘한 굿.

멕시코에서는, 떠난 이를 잊으면 그가 남은 이들에게 찾아올 수 없다며 1년에 하루 날까지 잡아 기억해 주던데, 남은 이들이 놓지 못하면 떠난 이가 편한 곳으로 가지 못한다는 말은 과연 얼마나 믿을만한 말일까.

84일
심장이 세게 쪼인다. 아침에 눈을 뜨지 않게 해달라 기도하지만, 숨이 붙어 있는 동안 짐은 되지 말아야 할 테니 내과에 가 초음파를 찍는다.

모든 장기가 건강하고 깨끗하단다. 심장이 쪼그라드는 것 같았는데, 심장도 폐도 운동선수만큼이나 건강하단다. 너무도 무탈하다 한다.

89일
누군가 내게 말한다. "남편을 잃은 것도 아닌데 왜 그래..."
그렇지. 나는 남편을 잃은 것도 자식을 잃은 것도 아니니, '고작' 아빠 하나 잃었으니 엄살이지. 그렇지. 마흔 딸이 아버지의 사라짐을 '지나치게' 애도하는 것은 '이치'에 맞지 않지.

96일
요즘 엄마와 나는 아빠를 떠올리는 모든 것들을 열심히 지워내고 있다. 소파를 버리고 아빠의 작은 아지트였던 편백 평상도 사람을 불러 뜯어냈다. 며칠 전 꿈, 엄마와 내가 내다 버린 그 소파에 아빠가 앉았더니 말한다.
"나 다시 살아 돌아왔다."

아빠 신발을 모두 버리려고 상자에 담았지만, 자주 신으시던 세 켤레는 도로 꺼내 신발장에 넣는다.

101일
도윤이가 고모 방에 와 할아버지 흉내를 내며 뛴다. 손자를 위로 던져서 받고, 다시 던져 받으며 놀아주던 할아버지의 표정과 동작을 흉내 낸다. 박장대소하는 고모를 보면서 그 표정과 동작을 반복한다.

106일
겪은 만큼, 당한 만큼, 그만큼만 이해할 수 있다.

눈곱만큼 손톱만큼 더하거나 덜한 것은 이해할 수 없다. 시늉할 뿐이다. 오직 꼭 닮은 고통만 이해한다.

같은 사라짐이지만, 사고로 헤어진 이들은 작별 인사를 할 수 있었을 것이라며 병으로 사별한 이들을 부러워하고, 병으로 사별한 이들은 고통이 짧았을 것이라며 사고로 사별한 이들을 부러워한다.

아늑한 잠자리에서 평화롭게 떠난 이들과,
그렇게 떠난 이의 뒤에 남겨진 이들이 내심 부럽다 하면 돌을 맞을까.

110일
재판에 다녀왔다. 누군가 그에게 묻는다. "피고인은 신호를 지킬 생각이셨죠?" 그가 대답한다. "네." 누군가 그에게 다시 묻는다. "음주 상태로 차를 몰 생각은 아니셨죠?" 그가 다시 대답한다. "네."

가지 말았어야 했다. 보지 말았어야 했다. 듣지 말았어야 했다.

맛있는 밥을 배불리 먹고 나간 이가 해가 진 후에도 집으로 돌아오지 않고 있다는 사실을, 다시는 그 사람을 들을 수도 볼 수도 없다는 사실을 어떻게 곱게 안을까.

119일

어제 저녁 열이 많이 올랐던 도윤이가 아침에 일어나더니 꿈에서 요리하는 할아버지를 봤다 한다.

"원래는 요리를 안 하잖아, 할아버지가? 그런데 어제는 요리를 했어. 고기를 씻고 있었어."

"할아버지가 도윤이 아프지 말라고 요리해 주셨나 보다. 그래서 나았네. 무슨 옷 입고 계셨어?"

"집에서 맨날 입는 그거. 검정색에 별 그려진 거."

가장 큰 위안이 됐던, 일흔까지 살아주셔서 고맙다는 생각도 효력이 다 했다. 이제 내 인생의, 우리 인생의 어떤 기쁨도 아빠와 나눌 수 없다. 다시는 소리 내서 "아빠!"라고 부를 일 따위는 없다. 집에 혼자 있을 때면 한 번씩, 아빠를 부르던 목소리 그대로 "아빠!"하고 서너 번 불러 보지만 대답이 없다.

화장실에 간다고 안방으로 들어간 도윤이가 한참을 나오지 않아 가 보니, 거울 앞에 앉아 할아버지가 유치원 가방 앞주머니에 넣어준 빗의 빗살을 하나하나 세듯이 쓰다듬고 있다.

125일

생각해보면 아빠는 여러 형태로 자식들에게 사랑 고백을 많이도 했다. 스물한 살쯤이던가. 반포의 오래된 아파트 앞 상가 포장마차에서 아빠와 맥주를 마신 적이 있는데 그때 아빠가 말했다.

"너희들 중학교 때 학교 가고, 나 혼자 점심 먹으러 집에 가면 너희 셋 방을 다 한번씩 열어 봐. 그러면 정웅이 냄새, 주하 냄새, 정원이 냄새가 다 달라. 그때 참 좋았다. 행복했어."

마흔 넘은 딸과 드라이브 갈 때면, 차만 타면 잠드는 것이 도대체 뭐가 우스운지 껄껄 웃어주고, 배가 고프다는 말이 뭐가 우스운지 껄껄 웃어주고, 포도 귀신 딸내미 먹으라고 포도를 두 상자, 세 상자씩 사다 두고.

어릴 때부터 주문처럼 듣던, "아빠가 뒤에 있잖아. 아빠만 믿어."

딸이 영국으로 석사공부를 다시 하러 간다는 말을 듣고 자리에서 벌떡 일어나면 좋아했다던 아빠는, 공부만 한다면 죽을 때까지라도 도와준다던 아빠는, 지지리도 공부를 안 했던 딸에게 도무지 어울리지 않던 '속 없는' 아빠는, 많은 사랑 고백을 돌려받지도 못하고 사라져버렸다.

열 배로 갚아줘야지 생각했는데 갚지 못했다. 갚기는커녕, 철딱서니 애물단지 역할만 충실히 하다 보내버렸다.

남은 이들의 귓가에는 시끌벅적하던 음성이 빈틈없이 가득한데, 정작 내 존재에 절반의 기여를 한 아빠는 흔적이 없다. 잘난 듯 한껏 고개를 들고 날개를 펴고 활기차게 의기양양 하던 것의 8할이 아빠인 것을 알지 못했다.

205일
아빠가 머릿속에, 눈꺼풀에 얹혀있는 듯 하다. 눈에, 귀에, 머리에 촘촘히 박혀 있다. 긁어낼 수도 ,벗겨낼 수도 없다. 거실에 가만히 앉아 있으면, 현관문을 열고 들어올 것 같다.

210일
각자의 슬픔은 각자 해결하면 안 될까. 서로를 위해 슬픔을 드러내지 않으면 안될까. 훌쩍거리는 대신 휴지에 소매에 그 무엇에든 표나지 않게 누구도 알지 못하게 조용히 닦아내면 안 될까.

매번 지지 않고 따지고 들며 댓거리를 하지만, 실상 하루 수십 번 엄마의 눈과 표정을 살핀다.

212일
아침에 눈을 뜨자마자 응급실의 아빠가 떠오른다. 눈을 질끈 감고 고개를 양쪽으로 세게 흔든다. 고개를 세게 흔들어 본다. 소용이 없다.

219일
그날 아침 아빠와의 마지막 말이 기억나지 않는다. 웃으며, "다녀오세요!"라고 했는지, 아니면 무심한 얼굴로 인사도 하지 않았는지. 식탁에서 아침을 드실 때, 마주 보고 앉아 짧은 대화라도 나누었는지, 아니면 자고 있었는지 아무리 기억해내려 해도 떠오르질 않는다.

기억해내려 애를 쓴다.

그 날 아침 아빠에게 다정했기를 바라는데 기억이 나질 않는다.

아빠가 사라지고 첫 봄이 왔다

벚꽃은 벚꽃대로
목련은 목련대로
제 자리를 찾아 피었다

꽃이 하늘이 다시 예쁘다

고개를 숙인다

'예쁘다'는 마음이 솟는 것이 미안해
고개를 들지도 못하고 또 눈물이 맺힌다

232일
누군가 갑자기 현관문을 활짝 열어 젖힌다. 자전거를 타고 막 돌아온 아빠가 거실로 들어서는데 자세히 보니 아빠가 아니다. 요즘 아빠는 시끄럽지가 않다. 소리를 내지 않는다. 무표정에 아무 말도 하질 않는다.

오랫동안 내 카카오톡 프로필에 올라 있던 '새옹지마'라는 글자는 아빠가 사라지며 자취를 감췄다. 세상에는 그저 나쁘기만 한 일도 존재한다는 것을 알았으니. 뒤집고 뒤집어 생각해도 고통스럽기만 한 일들이 존재한다는 것을 알았으니.

247일
tv에서 떠들썩하게 웃고 말하는 이들을 가만히 바라본다.
'저리도 생명의 기운이 넘치지만 당장 내일 사라져버릴 수도 있지...'
한 개그맨이 다른 개그맨에게 큰 소리로 웃으며 말한다.
"죽을래?!!"

쉽게 뱉을 수 있는 말이 아니라는 것을 모르는 편이 낫다. 세상에 두 발을 두고 걸어 다니지만, 실은 어느 다른 그 세상에도 단단하게 혹은 느슨하게 걸쳐져 있음을 잊는 편이 어쩌면 더 낫다.

260일
사람들이 바글바글 모여 잔치 중이다. 마당 앞 정자에 아빠가 새빨간 옷을 입고 앉아 시끌시끌하시기에 생각한다.

'살아 계셨구나. 절대 못 가도록 붙잡아야겠다.'

265일
이 집에선 유독 아빠의 여름이 진하다. 아빠의 마지막 계절이라서일까.
발인을 마치고 돌아와 베란다에 서서 지나가는 차들을 내려다보던 그 때의 그 냄새가, 그즈음의 밤들이, 빠르게 달리는 자동차들을 바로 보지 못하고 눈을 질끈 감던 그때의 공기가 다시 찾아왔다.

편백 평상에 앉아 한쪽 다리를 다른 쪽 위로 올리고 창 밖을 보며 맥주를 드시던, 땅콩과 잣을 한 알 한 알 집어 드시던 아빠도 함께.

266일
아빠를 그렇게 보내고도 철이 들지 않은 나는 여전히 엄마와 맹렬하게 전쟁을 치른다. 전쟁 후 하루 종일 방에 틀어박혀 있다 그렇게 또 밤이 되었다. 훌쩍이는 소리가 들리지 않는다. 슬며시 컴컴한 거실로 나가보니 엄마가 소파에 웅크린 채 누워 있다.

한마디 넘기는 것이 뭐 그리 못할 일이라고 지지 않고 댓거리를 할까.
목숨 걸고 싸우는 원수도 아니고 뭐하는 짓일까.

늙은 엄마에게, 짝 잃은 엄마에게, 기를 쓰고 바락바락한다.

280일
일요일에 다들 둘러앉아 tv를 보는데 채널을 돌리니 중국드라마가 방영 중이다. 도윤이가 말한다. "할아버지 불러와."
식구들이 웃는 것이 신이 나는지 한 번 더 말한다.
"할아버지 불러오라고."

지금처럼 웃으면서 할아버지를 기억해주기를. 시끌시끌했던 할아버지를, 물고 빨고 사랑해 준 할아버지를, 애인을 기다리듯 마중하고 배웅해 준 할아버지를 백 살 까지 잊지 않기를.

306일
엄마에게도 말하지 못 할 꿈을 꾸었다.

박물관에서나 볼 수 있는, 안쪽이 오목하게 깊이 파인, 아래쪽엔 받침대가 달린 오래된 금색 그릇이다. 그릇 안에 누군가의 뼛가루가 담겨 있는데, 갑자기 그 위로 아빠의 뼛가루가 쏟아져 내린다. 누구의 손도 보이지 않고 그저 금색 그릇과 그 안으로 쏟아져 내리는 뼛가루만 보인다. 그래서 생각한다.
'이렇게 섞여 버리면 아빠 것만 어떻게 따로 꺼내지?'

부처님, 하느님. 저와 제 가족 모두 지켜주세요.
나무아미타불 관세음보살. 아멘.

308일
서울에 다녀와야 하는데, 하필 도윤이가 외갓집에 가는 주말과 겹쳤다. 도윤이를 역에 내려다 주면 그 때부터 엄마는 울기 시작하기에 혼자 둘 수 없다. 오빠에게 하루만 와 자고 가달라 부탁했다.

하루를 자고 올라간 오빠는 사직서를 냈다. 인수인계가 끝나면 집에서 통근할 수 있는 새 직장으로 출근한다고 한다. 아빠가 알면 펄쩍 뛰며 화를 냈겠지만, 혹시 또 모르겠다.
'그래, 엄마 옆에 있어라. 아들 옆에 있어라. 식구들과 함께 있어라. 잘했다.' 라고 토닥이실지도 모르겠다.

312일
아빠의 친구분께서 지난달 27일 미국에서 돌아가셨다. 심장마비라 했다. 27일 새벽에 꾸었던 꿈이 아저씨 꿈이었나 보다.

중환자실의 아빠를 보고 나오신 후, "강한 놈이니 분명 일어난다. 걱정하지 마."라며 우리를 안심시켰던 아저씨는, 8월 27일에 떠난 친구를 열 달 만에 따라가 버리셨다. 아빠가 없는 한국에 다시는 안 온다고 엄마에게 말씀하셨다던 아저씨는, 눈물로 배웅했던 '베프'를 고작 열 달 만에 다시 만나셨다.

342일
아저씨의 두 딸과 아줌마가 2주간의 휴가를 받아 유골함을 들고 한국에 오셨다. 어머니가 돌아가셨을 때도 눈만 꿈뻑꿈뻑 하시던 분이 친구의 장례를 마치고 돌아간 후 소리를 내 우셨다 했다.

344일
꿈에 젊은 시절의 아빠가 나왔다. "모래성이었네.." 라고 하신다.

347일
두 시간 넘게 비가 쏟아진다. 방에서 이것저것 뒤적거리다 조용한 음악을 틀어놓고 오랜만에 논문을 읽기 시작한다. 빗 소리. 음악 소리.
미처 제어하지 못한 순간 '행복'을 느꼈다.

아침에 눈 뜨지 않았으면 좋겠다 생각했는데, 행성이라도 충돌해 모든 것이 동시에 사라지길 바랐는데, 막을 새도 없이 '행복'해 버렸다.

356일
아저씨의 장례식에 다녀왔다. 인사를 하며 마주친 아저씨 딸의 눈이 벌겋다. 그녀가 내게 말한다.
"아빠가 있으니 아저씨도 심심하지 않으시겠네요."

장례기도가 진행되는 내내 나는 콧물 눈물을 많이도 흘렸다.

378일
잠잠하다 요 며칠 또 눈물바람이다. 눈을 뜨자마자 아빠가 찾아온다. 꽤 효과적인 방법 하나를 또 찾았다. 아빠 생각이 올라오면 칼로 파 허리를 댕강 잘라내듯 생각의 허리를 싹둑 자른다. 효과가 있다.

380일
과연 아빠는 이 바람과 해를 무엇으로 느끼고 있을까. 흔히들 말하는 어떤 에너지가 되었다면, 그 어떤 '기운'이 되어 우리 곁에 머물고 있다면, 좋아하던 바람과 해는 어떻게 느끼고 있을까. 적어도 아빠가 좋아하던 것들을 그대로 느끼며 우리 옆에 머물고 있기를.

우리와 같은 바람을, 해를 느끼고 있기를.
좋아하는 노래도 듣고, 좋아하는 음식도 즐기며,
좋아하던 그 모든 것들을 오롯이 느끼고 있기를.

391일
우리 삼남매가 국민학교 때 우리집에 들어온 피아노.
열흘 전쯤 그 피아노를 수거해 갔다. 피아노를 버리자고 하는 내게 엄마는, 아빠와 엄마의 피와 땀이 어린 피아노라 했지만, 결국 중고 피아노를 매입하는 곳에서 집에 와 피아노를 가져갔다.

며칠 후 아침, 출근 준비를 하던 오빠가 열린 내 방문 틈으로 피아노가 없어진 것을 발견했다. 화를 낸다. 마흔 넘은 남자가, "이제 아빠 물건이, 남은 것이 아무것도 없는데, 그걸 버리면 어떻게 해요!"라며 눈물이 그렁그렁하다. 도윤이가 나중에 뭘 기억하겠냐고, 할아버지 흔적 중 남은 건 피아노와 자개장롱 뿐인데 피아노를 버렸냐고 화를 낸다.

오빠가 출근한 후, 엄마와 함께 피아노 수거 업체로 다시 찾아간다. 사정 얘기를 했지만 이미 서울의 어느 지역으로 옮겨졌다 한다.
"다시 가면 배송비랑 모두 다시 주셔야 해요. 돈이 많이 들 텐데요?"
"괜찮으니 가져다만 주세요." 엄마가 말한다.

제발 찾아 주시라고 애걸을 하고 돌아왔지만, 며칠이 지났는데 아직 소식이 없다.

434일

엄마와 각자의 방을 정리하다 어느 순간 또 아빠 이야기를 시작한다. 엄마는, 젊을 적 남편을 잃은 엄마의 친구가 "하늘과 땅이 붙어버렸으면 좋겠다…" 라는 말을 하곤 했었다며, 이제야 그 말이 이해된다 한다.

어느 행성이든 지구와 충돌하고, 그렇게 모든 것이 동시에 사라져버리기를 바라는 내 마음과 비슷한 마음이 아니었을까. 어린 자식들과 덩그러니 남겨진 이의 고통과 절망에 감히 비할 수 없겠지만, 누군가를 남겨 놓지도, 남겨지지도 않고, 흔적도 없이 함께 먼지가 되어 동시에 사라져 버리기를 바라는 그 마음의 뿌리 어느 한 가닥은 닮아 있지 않을까.

460일

응급실, 중환자실, 장례식, 발인. 한 번도 소리 내어 울지 못했는데, 어제 꿈에 결국 대성통곡을 했다. 아빠가 보이는 꿈이 항상 그렇듯, '아빠가 사라진 것이 아니구나, 꿈이었구나, 다행이다. 그럼 그렇지.. 꿈이었구나..' 라고 생각하며 목을 놓아 울었다. 옆에 있던 누군가 묻는다. 왜 우냐고. 아빠가 '죽는' 꿈을 꿨다는 소리를 하고 싶지 않아, 입으로 뱉으면 정말 그리 돼 버릴 것 같아, 아무 대답도 하지 못하고 소리 내어 울었다.

468일

잠들었던 엄마가 또 훌쩍거린다. 무력하게 만드는 소리. 뭘 어떻게 할까. 이른 아침, 나른한 오후, 고요한 새벽. 예고 없이 훅 들려오는 소리가 귀에 닿으면 모든 신경이 가 머물고 그 소리가 멈출 때까지 나도 요동친다.

정해진 운명이 있다고 생각하는 것이 편하다. 그날 그 순간만 피했더라면 여전히 숨 쉬고 있었을 것이라 생각하면 억장이 무너지니, 저마다 숨 쉴 수 있는 기간이 정해져 있었던 것이라 무슨 수를 써도 바꿀 수 없다고 믿는 것이 편하다.

건조기를 열어 보니 아무것도 없다. 빨래를 넣지도 않고, 텅 빈 건조기를 돌렸다.

엄마, 웃고 삽시다. 상부상조합시다...

478일
보험회사와 통화를 마친 엄마가 울기 시작한다. 장례식 이후 소리 내어 우는 것을 듣지 못했는데 그럼에도 엄마를 달래 주러 나가지 못했다. 문 앞에 서서 문고리를 잡고 선 채 다시 책상에 앉지도 못하고 그렇게 서 있었다. 그러던 중 오빠에게 전화가 걸려온다. 엄마는 아무 일도 없다는 듯 울음을 멈추고 전화를 받는다.

488일
어제 엄마의 꿈. 아빠가 화를 내셨다 한다.
왜 사망신고를 했냐고. 왜 시키지도 않은 짓을 했냐며 화를 내셨다 한다.

489일
아침 일찍 텀블러를 들고 나가 엄마와 함께 마실 커피를 사 왔다.
엄마는 아침부터 몇 시간째 주방에서 분주하다. 장아찌가 아주 맛있게 됐다며 기분이 좋다. 경쾌한 칼질에 돌덩어리가 녹는다. 오랜만에 밝아 보이는 엄마가 입에 넣어주는, 소금을 한 바가지 부은 듯 짜디짠 무와 배추를 맛있다며 보란 듯 몇 개 더 입에 밀어 넣는다.

작은 것에 쉽게 행복해지는 단순한 성격이었다. 복 받은 삶이라 생각했다. 그리 살아 이리 혼이 나는 것인가 싶어 더 이상 그런 생각은 하지 않는다.

494일
떡국 재료를 사러 나가 걷는데, 아빠가 응급실에 도착했을 때는 아직 의식이 남아 있었다던 병원 기록이 떠올라 신호등 앞 벤치에 앉아 한참을 머물렀다. 요즘은 마스크 덕에 밖에서 눈물이 나도 곤란할 것이 없다.

496일
아빠, 나는 아빠 닮았다는 소리를 사실은 좋아했어요. 똑 닮았다는 그 소리 좋아했어요. 똑 닮은 얼굴도, 똑 닮은 손발도, 똑 닮은 성격도, 발을 끌며 걷는 그 걸음도. 아빠를 닮았다는 소리 나는 좋았어요. 한 번도 말해준 적은 없지만 실은 그랬어요.

'간 사람'은 보내주라는데, 보내줘야 한다는데 아무리 생각해도 아빠는 가고 싶어 하지 않을 것 같으니, 그러니 우리 옆에서 오랫동안 같이 머물러요. 아직 함께 있음을 알고 있으니, 그래서 고마우니 우리 옆에 같이 있어요. 가지 마요. 절대.

503일
새벽 꿈, 내가 탄 비행기가 이륙하자마자 추락한다. 하늘로 간 사람들이 짐처럼 겹겹이 쌓여 올려져 있다. 아침 뉴스에서, 인도네시아 비행기가 추락했다 한다. 왜 자꾸 이런 꿈을 꿀까. 막아 보라는 것도 아니면서 왜 이런 꿈을 줄까. 아빠의 사고 이틀 전에도 꿈을 꿨지만, 번지수를 잘못 짚어 엄마에게만 운전 조심하시라 당부했었다.

유가족들이 빨리 안정을 찾길 바라는 '고운' 마음이 드는 것을 보니 내가 이제 어느 만큼 살만해진 것인가 싶다.

508일
며칠 전 꿈. 엄마가 성당 의자에 앉아 기도를 하는데, 아빠가 조용히 엄마의 옆에 앉더니 함께 기도를 하기 시작한다.

생전에 아빠는, 절에, 불교에 푹 빠진 딸에게 말했었다.
"한국 사람이라 그런지 나도 교회나 성당보다 절이 마음 편하더라. 원하면 언제든 절에 다녀와. 뭐가 됐든 의지가 되고 마음 붙일 수 있는 장소를 갖는 건 아주 좋아."

중환자실에서 갑작스레 대세를 받은 아빠는 이제 아우구스티노가 되었기에, 엄마와 나 역시 조만간 성당에 나가 교리 공부를 시작하고 세례를 받을 생각이다.

514일
호국원에 가 아빠에게 노래를 불러주고 돌아오는 길, 엄마와 나는 틈만 나면 반복하는 레퍼토리를 또 시작한다. 아마도 아빠는 허락됐던 시간보다 더 오래 머물렀던 것이라고. 아빠의 '운명' 보다 더 길게 꽉꽉 채워 살다 가신 것이라고. 그러니 아까워할 것 없다고. 할아버지가 돕고, 할머니가 돕고 혹은 누군지 모르는 어느 조상인가 도운 덕에 일흔을 채우고 갈 수 있었다고.

아들 딸 며느리 손자와 복닥복닥, 누군가는 명절에나 한두번 보는 손자를 물고 빨며 4년 6개월을 함께 살았으니 억울할 것 없다고. 본인이 원하는 대로 성격대로 아낌없이 주고 갔으니 억울할 것 없다고. 더 안타깝고 애달픈 사라짐도 많으니 슬퍼할 것 없다고. 각자 잘 살다 다시 만나면 된다고.

그렇게 한 소절씩 탁구공 주고받듯 슬퍼하지 않을 이유를 주고 받는 똑같은 레퍼토리. 그래도 이리 주고받고 나면 하루 이틀은 또 잠잠히 흘러간다.

520일
더 큰 파도가 올까. 살면서 '행복'까지 바라는 건 욕심임을 몰랐다. 이토록 무거운 말임을 알지 못했다. 그냥 지금보다 나빠지지 않게만, 부디 지금처럼만.

529일
무심히 세월을 보내며 혼자 나이 들어가는 딸이 안타까운지, 난자 냉동을 해야 하지 않겠냐고 떠나시기 얼마 전 엄마에게 말했다던 아빠가, 스물다섯 어린애도 괜찮겠냐고 새벽 꿈에 묻는다.

551일
회식 후 술을 마신 오빠가, 아빠가 보고 싶다며 엉엉 운다. 마흔 넘은 남자가 부끄러운 줄도 모르고 소리를 내 운다. 장례식 이후 처음 듣는 소리에 마음이 내려앉는다. 다음 날 엄마가 말하길, 집에 오는 차 안에서 내내 울었다 한다. 이럴 때 저럴 때 아빠는 어떻게 했을지 묻고 싶은데 할 수가 없다고. 엄마도 제발 염색도 하시고, 옷도 예쁘게 입고 다니시라 했다 한다.

아빠가 떠난 후 남은 우리는 누구도, 단 한 번도, 서로를 안고 위로하지 않았다. 어떻게 위로해야 하는지 모른다. 그저 괜찮은 척 살아간다. 눈과 귀로 온몸으로 서로의 표정과 눈을 살피지만, 그 누구도 드러내어 슬픔을 말하지도, 안아주지도, 토닥이지도 않는다.

위로도 못 하는 바보들이다.

나무였고 날개였던 아빠를 보내고 남은 우리는, 얼마가 될지 모르는 남은 시간을 얼마만큼 온전히 살아내고 떠날 수 있을까.

569일
공원에서 옆으로 지나친 아저씨를 도윤이가 자꾸 돌아본다.
"저 사람 할아버지랑 똑같지 않아?"
돌아보니, 아빠와 옷차림과 머리 모양이 많이 닮았다. 1년 7개월이 지났는데 도윤이는 아직 할아버지의 모습을 기억하고 있다.

586일
옷장에 아빠 사진을 넣어둔 걸 엄마가 오늘에서야 보고 말씀하신다.
"아빠가 좀 답답하지 않을까?"
얼른 옷장 정리를 하고 공간을 넓혀 드린다. 엄마가 다시 말한다.
"나는 이제 괜찮으니 네가 하고 싶은 대로 해. 맛있는 거 있으면 가져다 놓고 눈치 보지 말고 하고 싶은 대로 해."

'공식적'인 허락을 받았다. 하여, 황사도 끝나고 날이 좋아 편백 평상이 있던 자리에 잠시 옮겨드렸다. 산도 보고 꽃도 보고 나무도 보시라고. 따뜻하게 햇볕 좀 쬐시라고.
허락을 받은 김에, 아빠가 자전거 탈 때 입으시던, 내가 사드렸던 그 바람막이를 걸치고 운동하러 나간다. 작년, 아빠의 바람막이를 걸친 나를 보고 울었던 엄마가 이제 괜찮다 하신다.

606일
하교 후 함께 걸으며 도윤이가 말한다. 고모는 오래 살 거라고. 스티브 잡스는 훌륭해서 오래 살지 못했으니, 고모는 아주 오래 살 거라고 한다.

어제는, "내가 몇 살까지 할아버지를 기억할까?"라고 묻는다.

나와 엄마는 보물같은 도윤이 덕에 슬픔에 짓눌리지 않고 살아남았다.

615일
아빠에게 가끔 쌀쌀맞게 굴었지만, 마흔 넘은 딸이 틈만 나면 부모 꽁무니를 징그럽게도 쫓아다녔으니, 아빠 엄마가 없으면 따라 죽는다고 노래를 불렀으니, 한번씩 찬바람을 풍기던 딸의 눈에, 말에 다치지 않았기만을 바란다. 딸내미가 아비를 좋아한다는 것을, 사랑한다는 것을, 그 마음을 알았기를 바란다.

어제 꿈. 식탁에 있던 아빠에게 다가가 안으며 말했다.
"아빠, 사랑해요."
"알고 있어."

대답을 들었으니 이제 걱정 안 해요. 아부지.

아버지의 역사는
바람에 쓰러진 촛불처럼 끝을 맺었다.

해도 바람도 새소리도
아버지가 숨을 쉬던 때와는 다르다
아버지가 함께 머물던 때와는 다르다

존재하리라 알지 못했던 어느 마음으로
아버지가 사라진 역사를 이어 간다.

낙엽처럼 꽃잎처럼 사라진 아버지를
담고 밟고 숨을 쉰다.

아버지의 사진을 놓아둔다 해서
아버지가 좋아하던 음식을 차려둔다 해서
아버지의 자리에 누워잔다 해서
아버지가 돌아오지 않지만
아버지의 역사는 숨을 잃지 않았다

덧없이 떨어진 낙엽은 꽃잎은
자식들의 가슴에 화석처럼 새겨졌다

626일
'아픈 만큼 성숙한다'는 건 무슨 말일까.

상실의 '맛'을 알게 된 지난 2년은 어떻게 나를 키우고 있는 것일까. 희망보다 불안이 깊이 자리 잡아 버린 내 의식은 어떤 성장을 하고 있을까. 뒷걸음질 친다는 건 미성숙함의 지표일까.

나는 생각보다 유약한 사람일지도 모르겠다. 고통을 거름삼아 빛을 내는 유형의 인간은 아닐지도 모르겠다. 그러니, "아직도 그렇게 힘이 드니?"라는 말은 내게 넘기지 말고 담아두어도 좋다.

642일
도윤이에게, "아빠한테 전화해서 할머니 모임 끝나면 모시고 올 수 있는지 물어봐 줘."라고 하니 도윤이가 대답한다.
"알겠어. 할아버지랑 같은 일이 생길 수도 있으니까."

몇주전 도윤이의 학교 앞. 걸음이 위태로운 할머니 한 분이 찻길로 들어서서 걷고 계시기에, "위험하니 길 밖으로만 옮겨드리고 올게."라고 하니 울다시피 격렬하게 막는다. 허락을 받고 들어가긴 어려울 것 같아 그냥 들어가 모시고 나왔는데, 집에 오는 내내 화를 낸다. 다른 사람들도 있었는데, 경찰서에 전화하면 되는데, 왜 그걸 꼭 고모가 하냐고 화를 낸다. 심지어, "착한 척" 하려고 그런 거냐며 화를 낸다.

할아버지의 발인을 마치고 집에 돌아와, "다 때려 부수고 싶어."라고 말했던 일곱 살의 슬픈 기억이 하루빨리 녹아 사라지기를.

아빠, 도윤이의 작은 마음에 따뜻한 기억만 남게 해줘요.

660일
"세상 살기 포기한 사람처럼 하고 다니지 좀 마."라는 엄마의 말에 오랜만에 모양을 내고 외출을 했다. 기운 넘치던 예전으로 돌아가는 첫 물꼬는 '지인'들과의 통화.

혹시라도 위로가 날아온다면 공을 받아 날리듯 훅 쳐 내려 했는데, 순식간에 사라져 버리는 눈송이 같은 '위로'에, 용기 낸 마음이 무색해졌다. 아깝고 아까운 내 아빠의 사라짐이 새삼 서러웠다.

겪지 않으면 위로하기 어려운 법이니, 나 또한 살면서 수차례 눈송이 같은 위로들을 쏟아냈을 테니, 어쩌면 서러워 할 일도 아니다.

662일
동생과 동생의 각시가 신혼여행 후 집에 와, 엄마에게, 그리고 엄마와 나란히 앉은, 자전거를 타고 밝게 웃고 있는 액자 속의 아빠에게 절을 한다.

동생의 상견례 날 새벽 꿈, 양복 바지에 하얀색 와이셔츠를 입고 거울 앞에서 이리저리 모양을 냈던 아빠는 분명 혼주석에, 엄마의 옆에, 동생 옆에, 우리 옆에 계셨을 테니 괜찮다. "웃어라. 웃어."라면서 식장에 웃음소리가 쩌렁쩌렁했을 테니 다 괜찮다.

701일
새벽 꿈. 어디 멀리 떠나 있을 사람처럼 말도 없이 나가버리는 아빠를 따라 나가며 말했다. 1년에 몇 번은 시간을 정해 얼굴도 보고 밥도 먹자고.

760일
지도교수님을 직접 뵙고 논문을 마무리하기 위해 코로나 시국이지만 영국으로 출국한다. 여섯 달 정도 머무를 계획이지만, 일주일 전부터 캐리어를 활짝 펼쳐 놓고도 좀처럼 짐을 챙기지 못하고 있다.

'아빠처럼 나도 집으로 돌아오지 못하게 되진 않을까...'

옷을 챙겨 넣다 두어 번 눈물바람을 하고, 아빠의 여권도 보조 가방에 챙겨 넣는다.

782일
이틀전 영국에 도착해 숙소에서 자가 격리 중이다. 아직 겨울 옷이 도착하지 않았는데 믿기지 않을 만큼 추운 방이다. 얇은 상의 다섯 개와 후드 티, 레깅스 위 실내복, 그 위에 두툼한 외출복 하의까지 두껍게 껴 입었는데도, '자지 말고 버틸까?' 라는 생각이 들 정도다. 엄마가 챙겨가라던 아빠의 바람막이가 생각나 꺼내어 한 겹을 더한 후에야 잠이 들었다.

785일
자가격리 5일차. 한국에서는 잘 보지도 않던 드라마를 '다시보기'하면서 하루를 보냈다. 아마존에서 필요한 생필품들을 주문해 배송받고 정리하다 보니 눈 깜짝할 사이 닷새가 지났다. 창문 밖으로 꽃 한 송이, 나무 한 그루, 풀 한 포기 보이지 않는 황량한 풍경이다. 런던에 도착한 이후 하루도 해가 뜨지 않았지만, 그래도 아빠 여권을 활짝 펼쳐 바깥이 잘 보이는 창문 쪽에 놓아 드린다.

788일
영어교사자격증인 셀타(CELTA) 과정이 시작됐다.
한달은 정신이 없을듯하다.

825일

오미크론 변이로 걱정하는 엄마에게 런던은 평온하기만 하다고 안심시켰지만 내심 불안해 주말 내내 숙소에 머물렀다. 도윤이에게서 고모의 존재감이 티끌만 해질 때까지는, 그래서 고모가 사라져도 작은 마음에 생채기가 나지 않을 때까지는 살아주고 싶으니, 노력해서 되는 거라면 최대한 몸을 사려야지.

심리적으로 불교도라 할 수 있지만, 몇 가지 이유로 더 이상 불교적 기도를 하지 않는다. 그저 하루에 두 번, '저와 제 가족 모두 지켜주세요, 나무아미타불 관세음보살.'이라고 작게 소리 내어 뱉을 뿐이다. 성당에도 가끔 가 기도한다.

어차피 많은 종교의 중심축은 하나일 것. 인간이 이런저런 현실적 이유로 온갖 종교를 만들어내고 '우려먹지만' 결국 모든 종교의 기원은 분명 한 지점일 테니, 인간의 태생적 나약함을 축으로 회전할 테니, 그 축을 덮은 싸개가 하느님인지, 부처님인지, 빨강인지 파랑인지는 중요하지 않지. 잠시나마 위안을 얻을 수 있다면, 평화를 가질 수 있다면 그게 모두 내 종교.

지난 월요일, 관광객이 많지 않은 성당을 하나 골라 다녀왔다. 여러 조각상 중, '아우구스티노'의 조각상이 있는지 궁금했지만 물어볼 만한 사람이 보이지 않아, 조용히 자리에 앉아 아빠의 여권을 펼친 후 성당 스피커에서 흘러나오는 찬송가를 들려드렸다. 그렇게, 사람이 거의 보이지 않던 성당 의자에 앉아 거하게 한 판을 울고 나니 속이 좀 뚫어지기에 오늘 다시 가 보려 했는데 오미크론이 발목을 잡는다.

무사귀한, 무사생환이 중요하니 몸을 사려본다.

841일

런던에 도착해 며칠간의 자가격리 후 곧바로 시작했던 셀타(CELTA). 셀타 과정을 함께 들었던 스물 둘 리나. 얼마 전 코로나로 외할머니가 돌아가셨다고 눈물이 그렁그렁해지며 리나가 말한다. 자신의 엄마는 남편과 자식이 있음에도 할머니를 보내고 힘들어한다고, 그러니 괜찮다고, 자책하지 말고 슬퍼하라고.

846일

비싼 월세가 아깝지 않도록 런던에 있는 동안 '생산성' 있는 무언가를 해야 한다는, 눈에 보이는 결과를 만들어 돌아가야 할 것 같은, '은의환향'은 해야 할 것 같은 압박감에, 오미크론 걱정을 뚫고 모임에 참석했다. 나이가 어느 정도 있는 여자들만의 모임이었는데, 역시나 여섯 중 내 연식이 가장 오래되었다. 다들 런던을 찬양하기에 뭐가 그리 좋으냐 물으니 공통적인 대답은 '국제적(international)'이라서란다. 그런 이유로 설렐 수 있는 젊음이 부러워진다.

초록초록한 아일랜드에 가면 설렐 수 있을까.

사람을 만나고 돌아오던 발걸음이 경쾌했던 적이 언제였나. 백 년은 됐을까. 웃음을 장착하는 것이, 관심과 흥미를 가장하는 것이 고역스러워진다. 사람들과의 '말 나눔'이 덜 유쾌해져만 간다. 관계에 발을 담그는 것이 점점 더 불편해진다.

사람에게 기대를 하지 않는 것은 성격적 결함일까.

'하하호호' 밝은 오라(aura)를 풍길 수 있으면 좋으련만 경계의 벽만 높여간다. 당기는 재주는 사라지고 밀어내는 기술만 월등해진다. 아프리카 오지에 버려져, 늑대와 십수 년을 살다 온 것도 아닌데 야금야금 사회성을 잃어간다.

865일

그냥 지나치지 못하고 길 위에서 무언가를 건네는 경우가 있다. 누군가는 그리 하는 것이 외려 그들을 '망치는' 길이라고, 그러니 더 '합리적'이고 장기적인 방법으로 도와줘야 한다지만 달갑지 않은 조언들이다. 누가 보더라도 '편해 보이지 않는' 사람들을 그냥 지나치면서, 기꺼이 손을 내밀지 않는 것에 대한, 아무것도 느끼지 않는, 느끼지 못하는 것에 대한 일종의 포장이나 위선은 아닐까.

'혹독'한 몇 차례 경험으로 이성의 수치를 겨우 끌어올린 내가, 겨울 런던의 차가운 길바닥에 앉아 있는 혹은 누워있는 노숙자를 무심히 지나치기는 쉽지 않다. 설사 그들이, 날이 저물어 보는 눈이 사라지면 자리에서 툭툭 털고 있어나 고급세단을 타고 집으로 돌아간다 해도 개의치 않는다.

슬픈 얼굴을 한, 혹은 '슬픈 척' 하는 이들을 그냥 지나치는 것보다는 바보가 되는 편이 쉽다. 약을 살 돈이 아닌, 따뜻한 음식이나 옷을 건네주면 될 일이다. 짧은 순간에 타인의 장기적 인생까지 걱정해 주기보다는 따뜻한 음료나 빵을 건네주는 편이 곱절은 간편하고 합리적이다. 당장 하루 앞도 모르고 사는 삶인데, 누구든 언제든 패자가 약자가 될지 모르는 삶인데, 그 길 위에 언젠가 내가 앉거나 누워있을지도 모르는 일인데, 누군가가 '합리적 걱정'만 해주며 지나쳐 간다면 어떨까.

런던의 길거리에서 적지 않은 노숙자를 보게 되는데, 한국에서와는 다른 고민에 빠진다. 괜히 무언가를 건넸다가 시빗거리가 되지는 않을까. 작고 마른 동양 여자를 공격하지는 않을까. 증오범죄의 표적이 되지는 않을까. 런던의 노숙자들에게 무언가를 건넬 때 알고 있어야 하는 어떤 룰(rule)이 있지는 않을까.

비바람이 거셌던 오늘, 런던에 머문 지 석 달 만에 용기를 냈다. 장을 보며 마켓 직원에게 슬쩍 물었다.

"저 사람에게 따뜻한 핫초코를 주고 싶은데 혹시 모욕감을 느끼지는 않을까?"
"전혀 안 그럴거야."

오케바리.

따뜻한 음료를 건넸다.

"핫초코예요. 좋은 하루 보내세요."
"고마워요."

눈을 마주치자 활짝 웃어주기까지 한다. 왜소한 동양 여인을 공격할 기미는 보이지 않는다. 시비가 붙지 않는 것을 확인했으니 아마도 한국에 돌아가기 전까지 몇 번의 건넴을 더 하게 될 것 같다.

문제라면, 전엔 의도 없이 하던 행동이었던 것과 달리 오늘 음료를 건네주고 걷던 중, '내가 쌓은 공덕은 내가 아니면 내 자손에게 돌아온다.'라는 불교의 교리가 계속 마음에서 거치적거렸다. 따사로운 날보다 비바람이 차가운 날 유독 마음이 붙들리는 것을 보면 측은지심의 동기는 다를 바 없지만 전에 없던 '불순한 의도'가 얹어져 버렸다.

'공덕을 쌓았으니, 저와 제 가족 모두 지켜주세요.'

866일
알지 못했던 감정을 배워간다는 것은,

집으로 돌아오지 못하는 사람이 다시는 생기지 않도록 현관에 놓인 신발들의 앞머리를 반드시 집 안쪽으로 돌려놓는 집착이 생긴다는 것. 단순명쾌하던 얕은 눈에 덕지덕지 불안이 눌러 앉는다는 것.

867일
사라진 존재가 남긴 실체 없는 구멍은, 후회나 고통을 줄이거나 피해 보려는 편법으로 메꾸어지는 것이 아니었다. 상실의 구멍이를 메꾸는 일은 온 마음을 총알 삼아 적진에 뛰어드는, 온 몸으로 들이받고 버티는 육탄전 혹은 심탄전이었다. 그러니, 괜스레 몸부림치며 애쓰지 말라고, 깊게 뿌려진 고통과 절망의 씨앗이 사라지진 않을지라도 장차 희고 노랗고 푸르고 붉은 어떤 것들이 곱게 싹을 틔울지도 모른다고 말해주는 것이 나을지도 모르겠다.

인생은, 살아가는 것이, 살아내는 것이 아니라고.
그저 살아지는 것이라고 말해주는 것이 나을지도 모르겠다.

며칠 전 숙소 침대에 누워 천정을 한참 바라보다 생각했다. '죽지 못할 거라면 방법을 바꾸자. 고문 받듯 살지 말자. 채우고 가야 하는 날이 정해져 있는 거라면 유쾌하게 살아보자. 그 편이 수월하겠다.'

2년 6개월 만이다. 장족의 발전이다. 이 정도면 선방이다. 인생이 고해가 아니어야 할 이유를 찾지는 못했지만, 그래도 바라는 것이 있다면, 예전의 나로 돌아가는 것.

용수철처럼 다시 튀어 올라라!

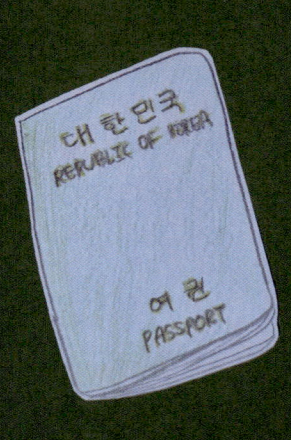

868일

어느 유명 작가가 관광지에 갈 때마다 공동묘지나 무덤을 둘러본다 했는데, 나 또한 그랬다. 휴대전화 사진첩엔, 공동묘지의 묘비, 공원 벤치에 새겨진 다른 세상으로 건너간 이들의 이름과, 남은 이들이 새겨놓은 문장들이 가득했다. 이제 더 이상 그런 장소들엔 가지도, 사진을 찍지도 않는다. 좋지 않은 기운이 들러붙어 아빠를 그렇게 보낸 것인가 싶어 더 이상 저런 곳은 쳐다도 보지 않는다. 더 이상 범능 스님의 노래를 듣지 못하는 것과 같은 이유다.

작년 10월 중순 런던에 도착한 이후 석 달이 되어가지만 딱히 가고 싶은 곳이 없어, 그저 식료품 장을 보고, 도서관에 가서 논문을 수정하고, 소호에 있는 떡볶이 집과 그 앞 서점을 오가는 것이 일상의 전부다. 미술관도, 박물관도, 관광명소도 가지 않았고, 뮤지컬도 영화도 보지 않았다. 셀타(CELTA)를 함께 들었던 이십대 어린 학생들과의 약속을 두 번 취소하지 못해 다녀온 꽃시장과, 아빠의 여권을 들고 찾아가 기도하고 울었던 성당을 빼면, 그저 이삼일에 한 번 이 곳에서 저 곳까지 목적지 없이 걷거나 숙소에서 시간을 보낼 뿐이다.

그럼에도, 이렇게 매일 바닥을 치는 마음 중에도, 가슴 떨리게 가고 싶은 곳이, 가야 하는 곳이 있다.

아빠는 자전거를 타고 가보고 싶다고 했던 스페인의 산티아고 순례길. 아빠의 여권을 들고 아빠와 함께 걸어볼 생각이다.

일요일에 열리는 꽃시장(Columbia Flower Market)에서 마주친 탭 댄서.
몽환적인 표정이 좋아 찍으려던 것인데 갑자기 활짝 웃어버린다.

870일

한인 마트에서 마늘쫑, 김치, 김, 달걀을 사 와 떡국을 끓이고, 냉장고에 있던 사과와 블루베리를 곁들여 초라한 상을 차려 드렸다. 떡국은 1월 1일에 차려 드리려 했건만, 게으름에 미루다 결국 생신상과 '퉁치고' 말았다.

884일

꾸준히 무언가를 해내지 못하는 성격이다. 이틀을 내리 만보를 채우는 경우는 거의 없지만 런던의 공포스러운 월세는 의지박약자도 움직이게 한다. 비싼 숙박비를 어떻게든 합리화 해보려는 마음에, 본전을 찾으려는 욕심에 만보 걷기를 일주일째 꾸준히 실천 중이다. 순례길을 걷기 위한 준비로도 제격이다.

하이드파크(Hyde Park)를 지나치면서도 들어가 걷고 싶은 마음이 들지 않아 바로 옆의 인도로만 걸어 다녔는데, 어제는 런던에 머문 지 석 달 만에 처음으로 공원 안으로 들어가 걸어 보았다. 역시나 별 것이 없다. '엄마, 도윤이와 뒷산에 오르고, 야구를 하고, 밥을 해 먹는 것이, 도윤이의 재잘재잘 수다를 듣는 날들이 배는 좋네'라는 마음 뿐이다.

팔자 좋아 보이는 인생이라도 그 사람의 우주에서 어떤 전쟁이 일어났는지, 일어나는지는 알 수 없는 법. 하루 세끼 밥 먹고, 따뜻한 곳에서 잠 들 수 있으니 분명 좋은 팔자겠지만, 하여 불평하면 안 되겠지만, 고봉밥을 먹는다고 등이 따숩다고 좋기만 할까.

숙소에서 도서관까지 걷다 보면 거의 매일 보는 피카딜리의 노숙자가 있는데 지나칠 때마다 뭔가를 읽고 있다. 이른 오전 시간에는 신문을, 오후에는 책을 읽는다. 항상 책이 쌓여 있는데 오늘은 책이 보이지 않는다. 며칠 전 엄마에게, "항상 보는 노숙자가 있는데 여기서 사서 읽은 책들을 주고 싶어요."라고 했더니, "큰일 날 소리!"라며 말리신다.

내가 엄마 말을 듣는 사람이던가.
런던을 떠나기 전에는 실행에 옮길 듯 하다.

892일

어제 숙소로 돌아오는 길, 갑자기 아득해진다. 몸에서 힘이 쑥 빠져 나간다. 공복에 한방 침을 맞고 쓰러졌던 예전 어느때와 같은 느낌이다. 걸음을 뗄 수가 없어 인도 한복판에 멈춰 선다. 아침에 가방에 던져 넣은 귤 두 개 중 한 개를 까 입에 넣는다. 소용이 없다. 지나는 사람도 보이지 않는다. 길 한 쪽에 쪼그리고 앉아 남은 귤 한 개를 또 까 입에 넣는다. 다행히 기운이 나기에 천천히 걸어 숙소에 도착했다.

저혈당 증상을 검색한 후, 마트에 가 달콤한 것들을 잔뜩 사 돌아왔다. 요즘 하루 만 보씩 걸어 다닌 것이 무리였을까. 아침에 삶은 달걀 1개와 사과 1개를 먹은 후 오후 5시까지 아무것도 먹지 않았는데 그 때문일까.

코로나 덕에 깨끗하고 넓은 4인 도미토리(dormitory)를 독차지하고 쓴다 좋아했는데 겁이 덜컥 난다. 혼자 방에 있다 쓰러지면 어떻게 해야 할까 싶지만 달리 방도가 없다. 기도하는 수밖에.

요즘 잠들기 전 매일 기도를 한다. 불안함을 잠시나마 덮을 수 있는 유일한 방법이다. 어딘가에는 매달려야 정신을 붙들 수 있을 것 같으니, 기도를 동아줄 삼고 있다는 표현이 더 정확할지도 모르겠다.

'평화를 달라'는 기도는 더 이상 하지 않는다. 오해의 소지가 없도록, 해석의 차이가 없도록 정확하게 전달한다.

'저와 제 가족 모두 지켜주세요. 나무아미타불 관세음보살. 아멘.'

돌아갈 수 없는 시간이
감은 눈 뒤로 펼쳐질 때,

다시 볼 수 없는 얼굴이
감은 눈 뒤에서 떠오를 때,

지구의 그 어느 구석으로 가도 볼 수 없다는 사실.

기억하는 이들이 슬플까

기억되는 이들이 슬플까

901일

걸어서 영국도서관(British Library)에 도착했지만 금방 다시 주섬주섬 가방을 챙겨 들고 나온다. 논문수정은 또 미뤄진다.

도서관 근처 카페에서 핫초코를 한 잔 사서 나오는데 할아버지 노숙자가 보인다. 꽤 쌀쌀한 날이라 다시 카페로 들어가 핫초코 한 잔과 크로와상을 포장해 나온 후 할아버지에게 다가가 조심스레 내려놓는다. 고개를 드는데 보니 나보다 훨씬 젊은 청년이다.

다시 계속 걸어 캠든 마켓에 도착했지만 내 취향의 동네가 아니다. 또 걷고 걸어 프림로즈 힐에 도착해 가장 높은 곳에 올라 한 번 주욱 눈으로 훑어 본 후 곧장 내려왔다. 눈에 들어오는 첫 식당에 들어가, 피자와 생전 처음 보는 애피타이저를 주문해 먹은 후 버스를 타고 영국박물관(British Museum)에 도착했다.

2016년 2월 12일에 찾았던 곳을 우연히도 정확히 6년이 지난 같은 날에 다시 방문하게 되었다. 변한 것은 없어 보이는데 이집트관에 들어설 때의 마음은 그때와 많이도 달라져 있었다.

가장 '유명'하다는 미이라와, 떠난 이들이 사후세계에서 편안하게 지낼 수 있도록 남은 이들이 온 마음으로 꾹꾹 눌러 적었을 편지들을, 글귀들이 잘 보이도록 정성스레 여러 장 사진첩에 담았다.

남은 이들의 마음은 시공을 초월해 한결같다. 누군가는 노잣돈을, 누군가는 짚신을, 누군가는 편지를 넣어준다. 하지만 정성, 혹은 기운이 부족했던 것일까. 떠난이의 평안과 안식을 기원한 남겨진 자들의 간절함이 무색하게도, 우리는 오래 전 떠난 이들의 새까만 맨 몸뚱이를 구석구석 살피며 소란을 편다.

곧바로 세인트폴 대성당으로 옮겨갔지만 지하에 들어서는 순간 온 몸에 털이 곤두서는 묘한 느낌 때문에 어느 묘비 한 장만 찍은 후 서둘러 나왔다. 다시는 누군가의 묘비를 찍지 않겠다 했지만 묘비에 새겨진 문구가 위안이 된다. 당시의 관례적인 문구였는지는 모르지만 "이번 생을 떠났다...(departed this life...)"라고 적어 놓은 것이 마음에 든다. "죽음(death)"이라고도, "죽다(die)"라고도 하지 않은 것에 한결 마음이 놓인다.

그렇지. 다른 생으로 건너가는 것 뿐이지...
그러니 호들갑 떨 필요가 없다...

UNDER THIS STONE
LIE THE
MORTAL REMAINS OF
THOMAS ATTWOOD
WHO WAS APPOINTED
ORGANIST OF
THIS CATHEDRAL 1796.
HE DEPARTED THIS LIFE
THE 21 MARCH 1838
IN THE 73RD YEAR OF HIS AGE

TURN THEE AGAIN, O LORD
AT THE LAST, AND BE GRACIOUS
UNTO THY SERVANT.

UNDER THIS STONE
LIE THE
MORTAL REMAINS OF
THOMAS ATWOOD
WHO WAS APPOINTED
ORGANIST OF
THIS CATHEDRAL 1796
HE DEPARTED THIS LIFE
THE 21 MARCH 1838
IN THE 73TH YEARS OF HIS AGE

TURN THEE AGAIN O LORD
AT THE LAST AND BE GRACIOUS
UNTO THEY SERVANT

이 성당의 오르가니스트였던 토마스 앳우드가 누워있습니다.

그는 1796년, 성당의 오르가니스트로 임명되었고

1838년, 73년을 머물다 이 생을 떠났습니다.

마지막 순간 다시 오시어

당신의 종에게 자비를 베풀어 주소서.

907일

영국에 도달한 태풍으로 바람이 거세다. 순례길을 오래 걸어내려면 이제 정말 논문을 마무리 지어야 한다. 서둘러 도서관까지 가는 길, 카페 네로(Cafe Nero) 앞에 여자 노숙자가 울고 있다. 울고 있는 노숙자는 난생 처음이었다. 이미 고된 삶일 텐데 울기까지 한다. 괜찮냐고 말이라도 걸어주고 싶은데, 괜히 말을 걸었다가 영국 발음을 알아듣지 못하면 난처할 것 같아 잠시 생각하다 카페로 들어간다.

'크로아상도 같이 살까..' 짧게 고민하다 결국 핫초코만 한 잔 건네며 말한다. (옆에 보니 이미 음료가 가득하다. 빵을 샀어야 했다.)
"핫초코예요. 좋은 하루 보내세요(Have a good day)."

그리 말하고 돌아서는데 어딘가 이상하다. 어울리지 않는 말이다. 실언을 했다. 울고 있는 노숙자에게 괜찮냐 묻지도 않고 좋은 하루를 보내라니.
"잘 지내세요(Take care)," 혹은 "건강하세요(Take care)."라고 할 것을...

도서관 입구에 도착했지만 다시 발길을 되돌려 근처의 서점 안 카페로 가, 핫초코를 한 잔 주문해 창가에 자리를 잡고 앉아 멍하니 밖을 본다.

어디서 왔는지, 주인 잃은 부케가 바람에 날려 유람을 다닌다.

923일

며칠 전 재미삼아 타로를 해 보았다.
"마음의 문을 열고 먼저 손을 내밀어 보세요. 나를 기다리고 있었습니다.'
시키는 대로 해 보자. 잃을 것은 없으니.

그 날 저녁, 처음으로 숙소의 공용 주방에 내려가 밥을 해 먹기 시작했고, 그러다 그곳에 있던 인도 출신의 국비 유학생 디키와 이야기를 나누었다. 열네 살에 아버지를 잃었는데 아버지가 생전 앓으셨던 질환 때문에 심리학을 전공하고 있다고 했다. 디키 덕에 다른 나라 출신의 유학생들과도 인사를 하고 함께 어울렸다. BTS포스터를 잔뜩 붙여놓은 여대생의 방을 구경했고, 기숙사 1층에 있는 클럽에 가 함께 어울렸다. 시리아에서 온 약대 박사과정 중인 자말라, 나이지리아에서 온 르네와도 이야기를 나누었는데 이상한 일이다. 나와는 비교할 수도 없는 고난을 겪었을 이십 대 초반의 학생들이 철없는 마흔 셋을 위로한다. 인정하고 싶지 않지만, 어떤 위로보다 편안하다. 내가 살아낸 시간의 절반만을 살아낸 아이들의 말과 마음이 약이 된다.

방으로 올라온 후, 몇 달을 미뤄왔던 이메일을 하나씩 보내기 시작했다. 감사하게도 기대하지 않던 일정들이 잡혔다. 교수님 한 분의 연구실에 방문해 이야기를 나눴고, 지도교수님 댁에도 초대를 받았다. 옥스퍼드에서 90분 동안 강의를 해 볼 기회도 생겼다.

아무것도 하지 않았다면 오지 않을 기회들이었는데, 타로의 분부대로 먼저 손을 내밀었더니 돌아오는 것이 있다.

925일

런던에 머물렀던 다섯 달 중 가장 설레는 아침이다. 드디어 런던을 떠난다. 기대가 크다. 오늘 가는 윈더미어에선 웃겠지.

🍃

윈더미어에 도착해 고풍스럽고 이국적인 외관의 숙소에서 이틀을 머물렀다. 카펫 바닥인데도 고린내가 나지 않고 화장실도 깨끗하다. 엘리베이터는 없어 3층까지 캐리어를 들어 올렸다.

방 안에서 파리 두 마리가 시끄럽다. 적당히 크고 두꺼운 윈더미어 관광책자를 한 손에 쥐고, 소리가 나는 창가 쪽으로 침대를 밟고 올라선 후 눈을 번득이며 파리를 찾는다.

그 때, 오른편 tv 화면에, 기차역에서 아내와 어린아이들과 헤어지며 우는 우크라이나 남성이 보인다. 남자의 얼굴을 가만히 바라보다 조용히 침대에서 내려왔고, 관광책자를 에코백 안에 도로 집어넣었다. 누군가는, 어쩌면 다시 만나지 못할지도 모를 가족과 작별하며 우는데, 고작 파리 때문에 법석을 부리는 것이 말할 수 없이 한심하다.

외출 후 돌아오니, 어쩐 일인지 한 마리는 베게 옆에서 움직임도 소리도 없이 고요하기만 하고, 다른 한 마리는 전등 위에서 홀로 윙윙거린다.

저녁에는 젊은 파키스탄 커플이 닭 요리를 많이 했다며 같이 먹자 하는데, 처음엔 알러지를 핑계로 사양하다 결국 응하고 함께 먹었다. 병원에서 만나게 된 의사 커플이라는데 내 알러지에 대해 이런저런 의학적 지식들을 풀어 준다. 얼마 지나지 않아 대화의 주제는 그들의 연애 이야기로 옮겨간다. 언어와 문화가 달라도 '사랑놀음' 이야기는 언제든 흥미롭다. 그 연인이 이메일 주소를 적어 주었는데, 옥스퍼드에 도착해 종이를 찾으니 흔적이 없다.

대접받은 닭 요리는 갚을 수가 없게 됐지만 또 모를 일이다. 한국에서, 영국에서, 혹은 다른 어딘가에서 우연히 마주친 후, 점심이든 저녁이든 맛난 커피 한 잔이든 갚게 될지도 모를 일이다

사람들과의 교류가 버겁던 내가 맞나 싶어지는 날들이다.

둘째 날은 보네스(Bowness) 호수까지 걸어갔다 걸어 돌아왔고, 오레스트 헤드 전망대(Orrest Head Viewpoint)에도 올랐다. 전망대로 올라가는 길에 인적이 없어 망설이는데 마침 내려오는 젊은 여자가 보인다.
"저기, 길에 사람들이 안 보이는데 혼자 올라가도 괜찮을까?"
"괜찮아, 중간중간 오가는 사람들이 있으니 무서워하지 마."
괜히 물었다. 겁쟁이에겐 무리다. 포기하고 돌아서는데 인상 좋은 할머니 한 분이 올라오신다. 조심스레 다가가 묻는다.
"죄송하지만 조금 뒤에서 조용히 따라 걸어 올라가도 될까요. 혼자 가기가 무서워서요."
흔쾌히 허락하신다.

조용히 가겠다던 말이 무색하게 우리는 쉬지 않고 이야기 했고 그러다보니 어느새 할머니의 목적지인 중간 지점에 도착했다. 전망대까지 올라가려던 나는 할머니와 작별 인사를 한다. 인사가 길어지고 다시 또 대화가 이어졌는데 할머니께서 말씀하신다.

"너랑 더 걷고 싶어졌어. 같이 전망대까지 올라가자."

고우신 얼굴만큼 예쁜 이름을 가지셨다. 로즈마리.
로즈마리 할머니.

여느 엄마들처럼 자식 자랑을 하신다. 삼남매 모두 교육을 잘 받고 좋은 직업을 가진 덕분에 아들은 나에게 집을 사 주었다고. 딸은 자주 나를 보러 온다고. 오늘도 딸이 오는 날이라 내려가면 장을 보러 가야 한다고. 하지만 어쩐 일인지 할머니의 자식 자랑이 고역스럽지 않다.
"이런 인생을 살 수 있어 정말 행복해."

함께 여러 나라를 여행하신 할아버지께서는 오랫동안 암으로 투병하셨고, 돌아가신지 8년이 됐다 하신다. 아직도 많이 그립냐 물으니, 매일 보고 싶다고 답하신다. 처음만큼 그립지는 않다는 대답을 기대하고 물은 것인데 적잖이 실망스럽다.
"여전히 매일 보고 싶지만 괜찮아. 행복한 기억들이 아주 많고, 또 집에 항상 할아버지가 함께 있는 것을 알고 있으니 괜찮아."
나도 얼른 대답한다.
"맞아요. 사람들은 정신 나간 소리라고 하겠지만 저도 알아요. 저도 잘 알아요. 아빠가 저와 제 가족 옆에 여전히 계신다는 걸요."

곳곳에 '인간 치료제'들이 포진해 있다.

멋진 풍경을 오래 즐기고 싶은데 바람이 거세다. 괜찮다고 하시지만 예쁘게 반짝이는 은빛 머리카락이 바람에 이리저리 휙휙 날린다. 그만 내려가자 하니, 엄마에게 보여주면 좋아하실 거라며 사진을 찍어주겠다 하신다. 사진 찍는 것을 좋아하지 않는다고 몇 번 사양했지만 할머니가 이겼다. 나도 사진을 찍어 드리겠다며 휴대폰을 다시 받아드는데 다행히 내 사진은 찍히지 않았다. 꽤 여러 장을 찍으셨는데 버튼을 잘못 누르셨다. 혹시 블로그에 할머니 사진을 올려도 되겠냐 물으니 그러라 하신다.

어떤 기억들을 안고 사시는지 고스란히 드러나는 할머니의 눈이 좋다. 그리움이 담긴 눈도 저리 담백할 수 있구나... 로즈마리 할머니의 나이가 되었을 때 나는 어떤 눈을 품고 있을까.

929일

켄달(Kendal)에 도착했다. 카페에서 지도교수님을 만나 곧바로 교수님 댁으로 이동했고, 선물로 향이 좋은 비누와 2019년에 번역한 책, '위대한 개츠비(The Great Gatsby)'를 드렸다. 한글로 된 책이라 읽지는 못하시겠지만, 한국인 제자가 그래도 구제불능의 수준으로 게으르지는 않음을 증명, 혹은 '포장' 할 무언가가 필요했기에 민망함을 접고 번역본을 불쑥 안겨드렸다. 작년 4월 처음 줌(ZOOM)으로 만났을 때는, 교수님이 하시는 말씀을 잘 알아들을 수 없었는데 자꾸 듣다 보니 영국 북부 억양도 적응이 되었다.

논문에 관한 얘기는 5분이나 했을까. 30분쯤 후에는 사진작가이신 남편분도 합류하셔서 함께 식사했고 그렇게 식탁에 둘러앉아 4시간 가까이 도란도란 이야기했다. 살면서 70대의 영국 노부부와 이런저런 인생 이야기를 해볼 기회가 얼마나 있을까.

사뭇 달라 보이는 많은 이들의 인생은 가볍게 그 껍질을 한 겹만 들추면 사실 참 비슷하다. 행복을 주는 어떤 것들, 슬픔을 주는 어떤 것들은 인종이나 언어를 가볍게 초월한다. 복잡다단한 껍질을 한 겹만 벗겨내고 들여다보면 참으로 단순하게 흐른다.

다가오는 이들을 밀어내는 '재주'를 지녔지만, 런던에 도착한 이후 사람에 대해, 관계에 대해 많은 생각을 하게 된다. '사람이 답이다.' 라던 노무현 대통령의 말씀처럼, 어쩌면, 아마도, 결국엔 사람일지도 모르겠다 싶어지는 저녁이다.

아부지! 어지간히 걱정이 되셨나 보네..
자꾸 좋은 사람들을 보내주시네.. 고마워요.

지도교수님을 기다리던 켄달의 카페. 아빠와 아들

켄달 호숫가의 벤치에 오랫동안 혼자 앉아 있던 할머니

934일

옥스퍼드에 도착해 무사히 강의를 마쳤다. 4시에 시작해 90분간 동아시아 전공 대학원생들에게 한국어 수업을 진행했다. 영어로 하는 3년 만의 강의라 적잖이 긴장이 됐는데 막상 시작하니 생각보다 수월했다. 수업 후에는 교수님의 연구실에서 2시간 가까이 이야기를 나누었는데, 교수님께서 최면 치료를 한 번 받아보지 않겠냐 물으신다.

강의를 마치고 숙소로 돌아오던 길. 아빠 생각에 눈물이 난다. 딸의 모든 여정을 보고 있겠지만, 그래도 나 또한 아빠의 얼굴을 보면서, 뿌듯해 하는 얼굴을 보면서 말할 수 있다면 좋았겠다라는 생각에 마음이 울렁거린다.

이틀 후, 교수님께서 소개해 주신 영국인 최면심리학자를 만나 최면 치료를 받았다. 순례길 일정이 잡혀 있어 치료는 한 번 뿐이었지만 흥미로웠다. 치료가 끝난 후 물었다.
"왜 그렇게 꿈을 자주 꿀까요. 왜 자꾸 선몽을 꾸는 걸까요."
"집 안의 현관문을 잠그지 않고 하루 종일 활짝 열어 놓으면 어떻게 될까요? 온갖 장사꾼, 도둑, 지나가는 모든 이들이 집으로 들어오겠죠? 그냥 그 문을 닫아 버리세요."

우문현답이다.

하지만 최면 치료를 마치고 그 집을 나서는 순간부터 숙소에 도착하기까지 머릿속엔 한 가지 생각뿐이었다.
'괜한 돈을 썼구나. 아무 효과가 없잖아. 여전히 슬프기만 하잖아...'

다음 날 아침. 스페인으로 가는 비행기를 타기 위해 다시 런던으로 이동했다. 요란스레 덜컹거리는 캐리어를 끌고 이른 벚꽃이 피어있는 비 내리는 옥스퍼드 시내를 걸어 버스 정류장으로 향하는데, 바람을 맞은 머리카락이 풀썩 뒤로 날린다.

그 순간,

살아있음이 감사했다.

한없이 가볍고 덧없는
겨우 한 조각 바람에 살아있음이 감사했다.

숨 쉬고 있음에,
두 발로 땅을 딛고 걷고 있음에,

심장이 저릿거렸다.

…

그리고 그렇게 정류장까지 가는 내내, 나는 아빠가 떠난 이후의 첫 콧노래를 흥얼거렸다.

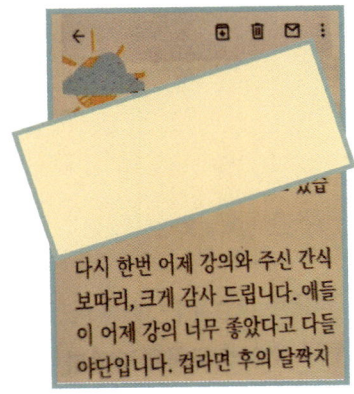

떨리는 마음으로 강의 준비를 하던 옥스퍼드 어느 카페의 전경

콧노래를 흥얼거리며 버스정류장으로

산티아고 순례길 위에서

On the Camino

첫 번째 순례길 | 기적

"고마워"

스페인 산티아고 순례길 (까미노 데 산티아고)

1993년 유네스코 세계문화유산으로 지정된
스페인과 프랑스의 접경에 위치한 기독교(가톨릭) 순례길로,
스페인의 수호성인인 성 야고보의 무덤이 있는 스페인 북서쪽 도시
산티아고 데 콤포스텔라까지 약 800km에 이른다.
중세부터 내려온 순례길에는 다양한 경로가 있지만,
대부분의 순례자는 프랑스와 스페인을 지나는 '프랑스 길'을 선택한다.

프랑스 길은, 프랑스 남부의 국경 마을 생장 피에드포르에서 시작하며
피레네 산맥을 넘어 800km 거리를 걸어
산티아고 데 콤포스텔라 대성당에 닿으면 끝이 난다.

완주까지 짧게는 30일에서 길게는 40일 정도가 소요되는데
피레네 산맥의 우거진 숲과 스텝 평원, 깊은 계곡과 뾰족한 산맥 등
스페인 북부에서 나타나는 다양한 자연 풍경을 경험할 수 있다.

순례자들은 여정의 첫 날, 스페인 관광청이 판매하는 순례자 여권인
크레덴시안(Credencial)을 발급받는다.
이 여권은 순례자임을 증명하는 문서로,
알베르게(Albergue)라는 순례자 숙소에 머물 수 있는 자격을 부여하며,
알베르게에서 매일 스탬프를 찍은 순례자는
산티아고 데 콤포스텔라에 도착해 순례 완주 증서를 받을 수 있다.

955일 - 967일

아마도 착각, 혹은 우연이겠지만 최면 치료 이후 마음이 많이 좋아졌고, 그렇게 순례길을 일곱 날을 걸었다.

길을 걸으며 한 번도 아빠 꿈을 꾸지 않았고, 아빠의 부재를 떠올려도 심장이 아프지 않았다. 한국에 돌아가서도 이런 평온함이 지속될지 모르겠지만 분명 나는 스페인에 도착한 후 많이 웃기 시작했다. 예쁜 것들이, 좋은 것들이 다시 눈에 들어왔고 누군가로 인해 오랜만에 설렜다. 다른 순례자들에 비해 다소 복잡한 걷기 일정이었지만, 한 가지 선택을 빼면 어느 하나 후회가 없는 순간들이 빼곡히 채워졌다.

생장에 도착해 55번 공립 알베르게에서 첫 밤을 보냈다. 가지고 온 캐리어는 생장에서 목적지인 산티아고 데 콤포스텔라로 보내고 가뿐하게 걸으려 했는데, 하필 택배사의 파업 기간과 겹치는 바람에 피레네는 택시를 이용해 넘어야 했다. 그렇게 론세스바예스(Roncesvalles) 알베르게에서 두 번째 밤을 보낸 후, 다음 날부터 본격적으로 걷기 시작했고 주비리(Zubiri), 팜플로나(Pamplona), 푸엔테 라 레이나(Puente La Reina)까지 사흘을 걸었다.

오후에 알베르게에 도착하면 아빠의 여권에도 잊지 않고 스탬프를 찍었다. 푸엔테 라 레이나에서는, 이번 순례길의 목표인 '철의 십자가(Cruz de Ferro)'에 가기 위해 버스를 타고 레온으로 이동했다. 버스를 갈아 타고 곧바로 다시 라바날(Rabanal)에 도착했지만, 고작 사흘의 걷기조차 무리였는지 감기에 걸려 버렸다. 한국음식을 판매하는 것으로 유명한 라바날 알베르게에 머물며 뜨거운 라면국물, 김치, 햇반으로 몸보신을 하고 줄곧 잠만 자며 몸을 사렸다. 이틀째 되는 날은 마을의 작은 가게에 가, '철의 십자가'에 두고 올, 아빠의 이름이 뚜렷하게 새겨진 구급차의 '주차 카드'에 작은 구멍을 낸 후, 실과 십자가를 사서 끼웠다.

폰세바돈에 도착하기 전까지의 구간은, 어디선가 나타난 하얀 개 한 마리가 함께 했다. 개 공포증이 있어 개가 다가오면 얼음이 돼버리는 나는, 개를 보자마자 털이 쭈뼛 서기 시작한다. 간절한 마음으로 앞뒤를 살피지만 사람이라곤 보이지 않는다. 도망을 가 봤자 금방 따라잡힐 것이 뻔하다. 겁 먹은 눈을 우습게 볼까 싶어 씩씩한 목소리로 노래를 부르기 시작한다.

이 놈은 내 속을 아는지 모르는지 옆에 바짝 붙어 나란히 걷기 시작한다. 온갖 상상이 머리를 덮는다. 어느 순간 슬금슬금 내 뒤로 간다. 머리가 하얘진다. 물려고 하는 건가. "뒤로 가면 내가 불안하니 옆으로 와. 옆에서 나란히 걷자."라며 경쾌하게, 겁먹지 않은 척 말을 건넸다.

영리한 놈인지 내 앞으로 걷기 시작한다. 그렇게 얼마간을 바로 앞에서 궁댕이를 실룩거리며 걷더니 어느 순간 바삐 걸어가 사라진다.

휴우. 안도의 숨을 내쉬었는데 웬걸. 앞을 보니 저 멀리서 기다리듯 앉아 나를 본다. '왜 저러는 거지. 안심하게 했다 공격하려는 건가...'

... 그런데 이 놈. 나와의 거리가 가까워지면 다시 앞서 쭉 걸어가다 앉아서 기다리고 그러다 가까워지면 다시 또 걸어가 일정거리를 유지한다. 처음처럼 가까이 다가오지 않는다. 어느덧 나는 '물려는 것은 아닌가 보다' 안심하고 "귤 줄까? 귤 먹어도 돼?"라며 묻기까지 한다.

그렇게 가깝고도 먼 동행이 짧지 않게 이어지다 폰세바돈(Foncebadon) 이정표와 마을이 보이기 시작했는데, 한참을 함께 걸었던 백구는 어디론가 사라져 버렸다.

목적지인 '철의 십자가'에 도착했을 때, 언젠가부터 나와 앞서거니 뒤서거니 걷던, 개와 함께 걷던 독일 여자가 보였다. 십자가에 무언가를 매달고 있었고 개는 그런 주인을 얌전히 앉아 바라보고 있다. 나도 '주차 카드'를 꺼내 들고 돌멩이가 쌓인 작은 언덕을 오르기 시작했고 그 때 내 옆으로 내려오던 독일 여자를 슬쩍 보았다.

울고 있었다.

우는 얼굴을 보면 알 수 있다.

슬픔의 깊이가 어느 만큼인지.

십자가의 높지도 낮지도 않은, 한 눈에 보이는 자리에 카드를 매단 후 풀리지 않게 여러 번 매듭을 지어 단단히 묶는다. 눈물이 죽죽 흐른다. 닦아내도 소용 없을 테니 그냥 둔다. 보는 사람이라곤, 역시 한바탕 거하게 먼저 울고 내려간 독일 여자뿐이니 부끄러울 이유가 없다. 그렇게 한참을 있다 내려오니 독일 여자가 다가와 말을 한다.

"무거운 돌을 하나 들어서 왼쪽 어깨에 올려놓고, '나와 내 미래를 위해서 (for me and my future)'라고 말하고 뒤로 던져."

몸을 구부려 돌을 하나 주워 어깨에 올린 후 작게 읊조린다.
"For me and my future…" 그리고 돌을 뒤로 밀어 던진다.

내가 자리를 뜬 후에도 여자는 그 자리에 머무른다.

그렇게 혼자 다시 걷기 시작한 지 5분이나 됐을까…

"고마워."

…… 아빠가 말했다

단 한 번도 생각해 본 적 없었다. 이곳에 와 주차 카드를 두고 가는 것이 아빠가 고마워 할 만한 일이라고 생각해보지 못했다.

나를 위해서였다. 편안해지고 싶었다. 그저 나의 평화를 위해서였다. 이런 것을 가지고 있어 그렇게나 비틀거렸던 것일까 싶었고, 그만 어딘가에 떨어뜨려 놓고 싶었다. 아빠의 기쁜 숨이 담긴 물건이 아니기에 언제 어디에 버려도 무방했겠지만, 아빠가 가장 고통스러웠던 순간 아빠와 있었던, 아빠의 이름 석자가 뚜렷하게 적혀 있는 작디 작은 종이를 차마 버리지 못했을 뿐이었다. '구급차 안에서 혼자 얼마나 두려웠을까, 외로웠을까...'라는 그 생각을 이제 그만 놓고 싶을 뿐이었다. '버려야지, 버려야지.'하다 2년이 지나고 있었고, 그즈음 생각났던 곳이 이곳이었을 뿐이었다. 아빠는 자전거로 와 보고 싶다고 했던 순례길. 그 길 위의 십자가. 이제는 '아우구스티노'가 되었으니 십자가가 놓인 이곳이 안성맞춤이라고 생각했을 뿐이었다.

많은 이들이 멀고 멀리 돌고 돌아 찾아와,
소중한 무언가를, 떠난 이의 흔적들을 두고 또 두고 가는 곳.
두렵고 외로웠을 아빠의 기억을,
더 이상은 두렵지도 외롭지도 않을 이곳에 버리고 싶을 뿐이었다.

그 마음이었는데, 아빠가 고맙다 한다.

더 이상의 걷기는 무의미했다. 순례길에 와야 했던 목적을 달성했고, 생각지도 못했던 목소리를, 기적을 들었다. 아픈 몸으로 굳이 더 걸어야 할 이유를 찾을 수 없었다.

'철의 십자가'까지는 두 발로 걸어 도착했지만, 몸이 나아질 기미가 보이질 않았다. 약국이 있는 마을을 찾아야 했는데 하필 일요일이었던 지라 도중에 멈추지도 못하고 25km를 더 걸어 몰리나세카(Molinaseca)에 도착했다. 알베르게 침대가 유독 지저분해, 혹시 있을지 모르는 베드버그를 피하기 위해 택시를 타고 다시 폰페라다까지 이동했다. 폰페라다 성당 알베르게에 묵었고, 그곳에서 스페인 순례자 에스텔과 한 방을 썼다. 다음 날 사리아(Saria)로 간 후 버스를 타고 산티아고 데 콤포스텔라(Santiago de Compostella)에 도착했다. 그곳에서 이틀을 더 쉬고 나니 그제야 감기가 떨어진다. 다행이지만 이상하게도 마음 한구석이 말할 수 없이 불편하다. 온갖 편법을 동원해 목적지에 도달한 찝찝함이 떨궈지질 않는다.

하여, 계획을 수정한다. 조금 더 걸어보자. 언제 내 인생이 계획대로 된 적이 있었던가. 혹은 계획이라는 것을 제대로 잡은 적이 있기는 했던가.

모 아니면 도.

못 먹어도 고!

'다시 사리아로 돌아가자.'

(*사리아는 일정이 넉넉하지 않은 순례자들이 선택하는 100km에 이르는 순례길로 프랑스 길의 마지막 구간이다.)

그렇게 다시 사리아에서 출발해 사흘을 걸어 산티아고 데 콤포스텔라에 도착했고, 오늘 한국행 비행기를 타기 위해 런던으로 돌아간다. 마음이 편안해졌으니 영 정이 붙지 않던 런던도 이제 달라 보일까.

감히 행복했다고 말해도 될지, 아니면 그저 담백하게 '참 좋았다'로 충분할지 모르겠으나 분명 나는 지금 편안하다. 일정을 변경해 더 오래 걸어보고 싶은 마음이 크지만, 우크라이나 전쟁으로 걱정하는 엄마를 생각해 일단 돌아간다. 하지만 조만간, 아마도 멀지 않은 어느 날 다시 돌아와 생장부터 산티아고까지 어느 한 길도 빼지 않고 걷게 될 것 같다. 꼭 그리 될 것 같다.

고맙다. 스페인. 고맙다. 산티아고.

고마워요. 아빠.

968일

한국에 돌아온 후 이틀을 내리 산티아고 꿈을 꿨다. 실제 걸었던 길은 아직 벚꽃이 채 피기 전이었지만, 꿈 속의 길은 벚꽃이 만발했다. 가 본 적 없는 천국 같았다.

두 발로 걸어낸 풍요로웠던 그 길들.

매일 아침 일곱시쯤 일어나, 적게는 20km, 많게는 30km의 하루 걷기를 준비한다. 먼저 침낭을 개켜 배낭의 제일 아래에 넣고, 그 위에 옷가지와 이런저런 좀 더 가벼운 짐들을 올리고 단단히 끈을 조이고 지퍼를 잠근 후, 작은 주머니들에는 비상식량을 꼼꼼히 채운다.

걷기를 시작하고 한 시간 정도는 이런저런 생각으로 분주하다. '이 길을 걸으면 생각이 없어진다던데 나는 왜 이리 무수한 생각들이 돌고 돌까...' 그러다 두 시간이 넘어가면, '얼마나 남은 거지? 도착할 때가 됐는데 마을이 왜 안 보일까?', '내일은 꼭 배낭 없이 홀가분하게 걸어야겠다...' 라는 생각들이 머리를 차지한다. 거창한 계획들은 간간히 틈을 메울 뿐이다.

서너 시간이 넘어가면 이제 고질병인 아킬레스 통증이 시작되고 그때부터는 그야말로 아프지 않게 걷는 데만 온 신경을 집중한다. 종아리보다 엉덩이로 걸으려 애쓰며 무사히 알베르게에 도착하겠다는 일념 뿐이다. 그러다 알베르게를 목전에 두면, '빨랫줄과 빨래집게가 남아 있어야 하는데...', '1층 침대를 배정받아야 하는데...'로 생각의 방향이 바뀐다. 막상 알베르게에 도착하면, 침대의 아래 칸인지 위 칸인지, 빨래 집게가 남아있는지 아닌지는 중요하지 않다.

하루를 걸어 냈음에 만족할 뿐이다.

수십 명의 남자 순례자와 여자 순례자가 가득한 방에서 몸 하나 누일 작은 침대 한 칸을 배정받고, 그 날의 땀을 씻어내고, 땀에 전 옷을 씻어 햇볕에 말린다. 그런 후, 맥주를 한 캔 들이키고, 아홉시가 되기 전 숙소로 돌아와 침대에 등을 대면 이내 잠이 찾아온다.

더할 나위 없이 단순한 그런 일곱 날을 걸었다. 예상치 못한 감기로 열두 날을 쉬었으니, 감히 순례자로 불리기도 언감생심이지만, 일곱 날의 걷기와 열두 날의 쉼은 흡사 전장과도 같던 어지러운 마음밭을 바꾸어 놓았다. 굳이 불교의 교리를 떠올리지 않더라도, 수수께끼 같은 인생길의 마흔 고개를 넘어 보니 한 가지는 배운 듯하다.

'모든 것은 변한다.'

좋은 것도 좋지 않은 것도 결코 머무르지 않는다.

잔잔해진 이 마음밭이 언제 어느 모습으로 또 변할지 모르겠으나 적어도 지금 나는 고요하다.

993일

견고한 혹은 견고하다고 믿었던 유리방 안에서 무탈하게 잘 살아내고 있다 믿었다. 짐작도 하지 못했던 깊은 슬픔으로 평온하던 세상이 뒤집혔 그 순간이 오기 전까지는.

... 나는 아빠의 장례식에서 검은 상복을 입고 조문객들을 맞으며 후회했다. 그 누구든, 어느 누구든, 지금 내 옆에 함께 서서 나를 지탱해 줄 누군가를 '보유'한 '승자'가 되지 못했음을. 혹은 되지 않았음을.

그리고 지금,
사라지지 않을 것 같은 슬픔이 채 3년을 넘기기도 전, 예기치 못했던 장소에서 생각지 못했던 인연과 스치며, 구멍 난 마음에 노란 꽃 하나가 피어난다. 결코 회복되지 않을 상실의 구멍이를 잠시나마 메꾸어 줄 싱그러운 새싹에 마흔셋 우주가 진동한다.

마음이 녹았다.

웃었다.

다시 기운차게 살아보고 싶어졌다.

말로 뱉어진 숨 한 마디 한 마디에 슬픔이 녹았다

푸릇한 밀밭을 걸으며 너와 나의 웃음이 입 맞출 때
네가 나의 슬픔을 비집고 들어왔다

쉬이 갈 바람에 속절 없이 흔들리는
채 영글지 않은 노란 꽃 한 가닥

여기 들어와 따사로이 자리를 잡고 익어간다

향기로이

다시 살아나고 싶어졌다...

두 번째 순례길: 치유

걸어내도록 힘을 주는 것은 바람과 햇살.

그리고

어깨가 스칠만큼의 거리에서 나란히 걸어주는 동행.

사실은 그게 전부라는 것.

1030일

첫 까미노를 걸은 지 석 달만에 다시 순례길로 향하는 딸을 엄마는 도무지 이해하지 못하고 이유를 묻는다. 내가 대답한다.
"엄마가 가지 말라고 하니까요."

🍃

기차역에 도착할 때까지 투닥거렸던 엄마와는, 떨어지는 순간 다시 다정한 모녀가 되어 따뜻한 메시지를 주고 받는다. 금메달을 놓고 겨루는 선수들처럼 그야말로 맹렬히 언쟁하지만, 서로를 향한 물리적 거리가 멀어지면 언제 그랬냐는 듯 모녀 사이에 평화의 물줄기가 흐른다. 부디 이번 여정이 끝난 후엔, 어떤 '공격'에도 웃을 수 있는 부처의 심성이 깃들기를.

🍃

공항으로 향하는 버스 안이다. 돌이켜보면, 어딘가로 멀리 떠나는 첫 발은 항상 무거웠다. 오늘 다시, 혼자만의 고집으로 강행하는 두 번째 까미노를 위한 이 출국길마저, '원숭이 두창'과 순례길 산불 소식으로 여지 없이 발길이 무겁다. 하지만 마지못해 시작했던 그 모든 길에서 항상 유형, 무형의 배움들을 얻었기에, 이 길 또한 좋은 끝이 있을 것이라 믿어 본다.

기적을 듣게 해 준 길이니 또 기대해 본다.

1031일

비행기에서, 미국 시트콤 '프렌즈(1994-2004)의 동창회 특집 방송인, 렌즈 리유니온(Friends Reunion)'를 여러 차례 돌려 보고 있다. 싱그러 청춘과 끝내 작별하고 세월의 흔적을 고스란히 떠안은 배우들을 보니 ㅅ 워진다.

온 힘을 다 해 살지 못하고 무심히 흘려보낸 무수했던 나의 봄들.
어딘가로 흔적 없이 날아가 버린 나의 연분홍 치마.
코끝이 시큰하다.
기압 때문인가.

계획 없이 움직였던 첫 번째 순례길과 달리 이번 순례길은 계획적으로 걷 알뜰하게 소비하고, 매일의 기록도 세세히 남겨 볼 생각이다.

공항에서 짐을 찾고 보니, 환전 후 가방에 넣어 두었던 400유로가 보이 않는다. 곧바로 공항 내 경찰서로 가 신고한다. 경찰에게 여권을 건네주 이런저런 항목들을 컴퓨터에 기록하기 시작한다. 의자에 앉아 기다리던 오른쪽 중지 손가락이 가렵기 시작해 연고를 찾아 파우치를 끄집어 내는 왠일인지 두툼하다. 누군가 가져갔다고 생각했던 깨끗하고 빳빳한 400유 지폐가 파우치 안에 얌전히 들어앉아 있다.

'훔쳐 간 사람 오늘 새똥 맞아라…'라고 저주했으니, 나야말로 새똥을 맞 일이다. 경찰에게, 미안하다고 연신 '꽃미소'를 날리며, 사과의 의미로 으 를 하나 건네주고 돌아 나온다. 얼굴이 화끈거린다.

이제, 버스를 타고 팜플로냐로 이동해 1박을 한 후 다시 생장으로 넘어가 걷기를 시작한다. 이번에는 돌발상황 없이 무사히 피레네 산맥을 넘을 수 있기를. 건너뛰는 구간 없이, 꼼수 없이 온전한 끝맺음을 할 수 있기를.

버스를 타고 팜플로냐로 이동 중이다. 그려놓은 듯한 하늘. 구름. 연한 황토색 들판. 어느 영화 속 풍경에 들어와 있는 듯하다. 풍경을 맛 보는 눈에서 슬픔이 한 꺼풀 벗겨져 있다. 거울을 보지 않아도, 눈과 표정이 전처럼 웃고 있음을 느낀다. 눈을 덮고 있던 정체모를 부연 회색빛이 사라졌다.

이제 됐다.

살면서 순간순간 다시 슬픔이 드리워져도 걷히는 순간 또한 찾아옴을 알게 됐으니 충분하다. 오면 오는 대로, 가면 가는 대로 손님 맞듯 맞이하고 보내다 보면 어느새 나 또한 '안식'에 들 테니, 다시 찾은 내 눈과 표정으로 충분하다.

1032일

팜플로냐의 숙소. 새벽 4시 30분에 알람을 맞추고 일어났지만 출발하는 사람이 아무도 없다. 부스럭거릴 수 없어 다시 눕는데 의구심이 든다. 후회 비슷한 것이 밀려온다.
'지금 여기서 뭘 하고 있나... 왜 이러고 있나. 이게 뭐라고 이걸 다시 걷겠다고 왔나...'

경험치가 쌓여 이번 배낭은 깃털같겠거니 했는데 어쩐 일인지 첫 배낭보다 곱절은 무거워졌다. 알러지 검사 이후 육식을 하지 못하다 보니 먹을 만한 음식을 잔뜩 챙겨 넣었는데, 그 바람에 배낭이 집채만 해졌다. 오늘 생장에 도착하면 바지 두 개, 기능성 긴팔 상의 두 개, 우비까지 사야 하는데 큰일이다.

아침을 먹으며 스물두 살의 재미 교포 순례자와 말문을 텄다. 중학교 때 아버지와 함께 순례길을 걸어 보았고 그때는 힘들기만 했는데 자꾸 이 길이 생각이 나 다시 걸어보려고 혼자 왔다 한다.

순례길이, 까미노(Camino de Santiago)가 이렇다. 중독성이 강하다. 내가 별나게 철이 없어서가 아니다.

어제 잠들기 전엔, 팜플로냐에 도착했고 모레부터 걷기를 시작한다고 에스텔에게 메시지를 보냈다. 아침에 보니 42초간의 음성메시지를 답장으로 보내왔다. 아직 들어보지 않았지만 어떤 반응일지 알 것 같다. 지난 첫 순례길. 예정에 없이 묵었던 폰페라다의 알베르게에서 한 방을 쓰며 알게 된 에스텔. 그 후 산티아고 콤포스텔라에서 다시 만나 두어 번 함께 밥을 먹고 이야기하며 가까워졌었다. 나는 여간해선 누군가에게 먼저 연락을 하지 않지만, 에스텔에겐 편하게 메시지를 보내곤 했었다. 바르셀로나에서 여행 가이드로 일하며, 자수 관련 일을 하는 예술가인데, 각자의 인생 첫 까미노에서, 나는 아빠에 대해, 에스텔은 아픈 남동생에 대해 이야기 했었다. 어떤 이유로든 어떤 형태로든, 우리 모두는 각자의 짐을 혹은 '업'을 짊어지고 살아간다.

무엇이 나타날지 모르는, 어떤 일을 겪게 될지 모르는 인생길을, 혼자 걷고 싶지 않다는 생각을 하게 만들었던 나의 첫 까미노. 이번 두 번째 까미노에서는, 오고 가는 인연들을 애써 막지 않고 순리대로 물 흐르듯, 그렇게 따로 또 같이 걸어가는 법을 배워보려 한다.

방어벽을 낮추고, 고질병인 '인간 불신'을 고쳐서 돌아갈 수 있기를.
이런저런 인연들을 기꺼운 마음으로 품어볼 수 있기를.

55번 공립 알베르게. 석 달만에 다시 같은 곳에서 내려다보는 평화로운 생장의 저녁

1033일
생장-론세스바예스

순례길 첫 날인 오늘 피레네를 넘었다. 준비성 없는 성격답게 휴대전화를 제대로 충전하지 않아 걷기 시작한지 얼마 되지 않아 전화기가 꺼졌다. 그 바람에 사진을 많이 남기지도, 만보기에 제대로 기록을 남기지도 못했지만, 명불허전 피레네였다. 비현실적이라는 맛 없는 표현이 안타까울 뿐이다. 아름다웠던 피레네. 그 길의 곳곳에서, 발길을 붙드는 곳곳에서 그림같은 풍경들을 눈에 꾹꾹 눌러담고 새기며 생각했다.
'언젠가 눈을 감을 때, 주마등처럼 과거의 풍경과 기억들이 스쳐 간다던 그 순간에, 나의 그 순간에 피레네도 흐르겠구나..'

순례길을 걷다 보면 한무리의 소들이 풀을 뜯으며 망중한을 즐기는 모습을 자주 목격한다. 처음엔 한없이 부러웠다. '매일 저리 평화롭겠구나.' 그러다 이내, '저들이라고 매일이 평화롭기만 할까. 종일 먹고, 또 종일 쏟아내고. 하루 종일 저리 지내는 것도 고역이겠다.'라는 오만한 생각이 스친다. 실은 어쩌면, 인간을 비롯한 모든 동물에게 그것이 전부일지도 모르는데. 어찌 보면 가장 영리한, 혹은 '숭고한' 일일지도 모르는데...

소와 인간이 '행복 지수(Happiness Index)' 로 경합한다면 어느 쪽이 승리할까. 이러나 저러나 한 번 사는 것은 매한가진데 인간이 '고등'하고 저들이 '하등'하다고 누가 감히 말할 수 있을까. 먹고, 싸고, 사랑놀음도 하고, 그러다 흔적도 없이 이슬처럼 사라지는 유한한 삶을 사는 것은 저들이나 인간이나 마찬가진데, 매일의 삶에서 크고 작은 전쟁을 치르는 것은 저들도 마찬가진데, 우리 스스로를 '만물의 영장'이라 하면 저들이 '소웃음' 치지 않을까.

어쩌면 한없이 단순해 보이는 그들의 그 순간순간이 가장 명쾌한 진리가 아닐까. 전부가 아닐까.

인간의 머리 위에서 자유로이 훨훨 나는 새들은 정작 우리를 가여워할지도 모를 일이다. 부질없는 것들에 목숨 걸고 치열하게 아등바등하는 인간을 보며 가소로워할지도 모를 일이다.

만물의 영장이라니. 누구 마음대로.

아침 6시 30분에 출발해 오후 3시 57분에 도착했으니 9시간 30분이 걸렸다. 걷기 시작한 후 얼마나 됐을까. 배에서 밥을 달라는 신호가 온다. 아침을 먹은 지 얼마 되지 않은 것 같은데 이상하다 싶어 쉬고 있던 외국인 순례자에게 시간을 물으니 10시 30분이란다.
'11시도 되지 않았네. 헛배가 고픈가 보다…' 싶어 아무것도 꺼내 먹지 않고 쭉 걷는데 어느 순간 배에서 꿀렁꿀렁 진동이 느껴진다. 장이 약한 탓에 남들은 거뜬히 소화시키는 음식도 혼자 탈이 나는 경우가 많은데 진동이 신호탄이다. 동행도 없이 혼자 걷는 길에서 감당 못 할 일이 생기면 그야말로 재난이다. 망신당하지 않으려면 어떻게든 빨리 목적지에 도착해야 한다. 배낭의 끈 조절을 잘못한 것인지 피레네 초입부터 어깨 통증이 심했지만, 집채만 한 배낭을 내려놓았다 다시 짊어질 용기가 없다. 빠르게 도착하는 것만이 답이다. 경보하듯 걷는다. 그런데 어느 지점에서부턴지 발이 땅에서 뜨질 않는다. 걷는다기보다는 두 발을 끌다시피 움직인다.

앞서거니 뒤서거니 걷던 프랑스 할아버지가 괜찮냐 묻는다. 물이 있으면 좀 마시라 한다. 속으로 대답한다.
'물 때문이 아니에요..'
하지만 나를 보며 자꾸 물을 마시라 하는 할아버지 때문에 어쩔 수 없이 오른쪽 배낭 주머니에 손을 뻗어 물을 꺼내 두어 모금 입을 축인다.

신기한 일이다. 바로 기운이 난다. 걷기가 한결 수월하다. 할아버지가 한마디를 더 하신다. "무조건 많이 먹어야 해. 먹을 것이 있니?"
그러더니 앞에 둘러매고 있던 본인의 작은 배낭에서 사과를 꺼내신다. 낯선 이가 내미는 사과를 냉큼 받아 먹기 염치 없어 사양하니, "나는 두 개나 먹었어."라며 기어코 손에 쥐어주신다. 빤히 보며 서 계시기에 마지못해 한 입 베어 물었는데, 사양했던 것이 무색하게 순식간에 꽁다리만 남았다. 새콤달콤한 것이 맛이 기가 막힌다. 씻은 사과인지 아닌지는 안중에 없다. 순식간에 기운이 돌아오고 걸음에 속도가 붙는다. 내심 뿌듯하셨는지 요술 배낭에서 빵 하나와 초콜릿 과자를 또 꺼내신다. 이번엔 사양하지 않고 넙죽 받아 먹는다. 무슨 빵이 그리 맛날까. 빵 이름을 묻는데 프랑스 빵이란다. 다시 사 먹을 생각에 빵 포장지를 주머니에 챙겨 넣고 야무지게 지퍼를 잠근다. 피레네에서 나를 살린 빵인데 알려지가 대수랴.

할아버지와 앞뒤로 걸으며 무사히 론세스바예스에 도착했고, 맥주를 사드렸다. 할아버지의 이름은 끌로드. 아내에게 틈틈이 메시지를 보내시고 손자의 사진도 보여주신다. 또 아빠가 떠오른다.

쉬고 있던 순례자가 알려준 10시 30분은 잘못된 정보였다. 10시가 아니라 1시였다. 배가 고파 꼬르륵거리던 것을 배탈이 난 것이라 착각하고 물 한 모금 마시지 않고, 음식을 입에도 대지 않고 피레네를 넘으려 했다.

첫 번째 까미노의 사흘째 날에 묵었던 푸엔테 라 레이나의 숙소에서, 많은 순례자들이 물집 치료하는 것을 보며, "나는 물집이 하나도 생기지 않았어."라며 자랑스레 발을 보여주는데 한국인 순례자가 말했다.
"..어? 이거 물집이 생겼다 터진 것 같은데요?"

지름이 2cm는 되었을 그 물집은 이미 납작하게 터져 있었다. 왼쪽 새끼 발톱이 빠져있는 것도 그제야 발견했었다.

순례길 위에서의 아둔함이 아슬아슬 선을 넘는다.

🍂

샤워 후 저녁을 먹고 돌아와 침대에 누워 있다. 오늘 피레네를 넘으며 생각했었다.
'피레네는 인생에 한 번으로 족해.'
다시 순례길을 걷더라도 절대 피레네는 못 본 척 하겠다고 이를 갈았지만, 마음이 바뀌었다.

'배낭만 없다면 다시 한 번 걸어봐도 좋겠다. 다음 피레네는 배낭 없이 넘어보자.'

피레네 오리손(Orisson) 산장의 순례자들

1034일

론세스바예스-주비리 (37680걸음)

피레네에서 단련이 된 것일까. 첫 까미노에서는 지옥 같던 주비리까지의 돌길도 가뿐했다. 중간 지점의 어느 카페에서는, 어제 함께 맥주를 마셨던 미국인 순례자, 길에서 여러 번 마주쳤던 프랑스 순례자, 그리고 은퇴 후 아내와 함께 포르투갈에서 살고 있다는 또 다른 미국 순례자와 커피를 마시며 30분을 쉬었다.

포르투갈에 산다는 미국 순례자는 순례길을 아들과 걷기 시작했는데, 오늘 어디에선가 아들이 제 또래의 아가씨를 만나 혹 같이 걸어가 버렸다며, 이미 예측한 일이라며 웃는다. 주비리에 도착해서 보니 그 부자와 같은 숙소다. 아들과 함께 식사하러 나가는 것을 봤는데, 이번엔 아들을 '끌고' 나간 것일까, 아니면 아버지에게 내심 미안했던 아들의 자발적 동행일까. 같이 걸었다던 그 아가씨는 마음이 더 잘 맞는 다른 일행을 찾은 걸까.

순례길에서는 어느 길목에서 함께 걷던 길동무가 다음 날은 다른 이로, 그 다음 날은 또 다른 누군가로 바뀌는 일이 적지 않다. 무릇 인간이 걷는 모든 길이 그렇듯, 순례자들이 발자국을 남기는 이 길 위에서도 크고 작은 다채로운 역사들이 새겨진다. 오직 바람과 길만이 보고 들었을 역사들이 순례자들의 발길을 따라 차곡차곡 놓여진다. 재미있는 길이다.

오늘은 주비리까지 걸으며 순례자들의 뒷모습을 찍었다. 계획했던 일은 아닌데 어쩌다 보니 그리 됐다. 그 시작은 한 가족. 어느 지점에선가, 한쪽 무릎을 흙길에 대고 앉아 아들의 가방끈을 고쳐주는 아빠를 마주쳤다. 아빠가 끈을 고쳐주고 일어서려는데, 열살 쯤 돼 보이던 아이가 아직 제 눈높이에 있는 아빠의 머리를, 어른들이 아이들의 머리를 귀여워하며 어루만지듯 쓰다듬는다. 둘 중 어느 한 쪽이 그 순간 무슨 말인가를 다정히 건넸는지 아닌지 알 수 없지만 한 가지는 분명했다. 자신이 사랑받고 있음을 아이가 느끼고 있다는 것. 그 마음이 아이의 단순한 손동작과 몸짓에 그대로 묻어났다.

다시 걷기 시작한 아빠와 아들은 조금 앞서 걷고 있던 엄마와 금방 합류했다. 이제 아이는, 아빠 엄마의 사이에서, 한쪽엔 아빠의 손을 다른 쪽엔 엄마의 손을 쥐고 앞뒤로 힘차게 팔을 저으며 걷는다. 어느 때는 아이가 혼자 조금 앞서 걷고 아빠와 엄마는 그 아이의 뒤에서 서로 손을 잡고 아들을 따라 걷는다.

저리 걸으면 그 어느 길이 아름답지 않을까.

세 사람의 사진과 동영상을 찍었다. 살면서 만나는 고비마다 이 사진을, 영상을 보게 된다면 배가 부르지 않을까. 버틸 수 있지 않을까.

따뜻한 셋을 한참 즐기며 뒤따라 걷다 결국 말을 걸었다. 사진을 보여주며 괜찮다면 이메일로 보내주겠다 하니 다들 반색한다. 주비리에 도착해서도 이 가족을 마주쳤는데 그 때는 아이에게 약과 하나를 주었다. 무거운 배낭을 감수하고 챙겨온 약과가 이모저모 쓸모가 많다.

모든 길이 내내 훈풍만 불지는 않는 것처럼 오늘의 길도 예외는 없었다. 주비리에 거의 도착할 때쯤 길에서 무언가 꿈틀대는 것을 발견했다. 설치류의 새끼인 것 같은데 난생 처음 보는 것이었다. 작은 몸집인데 두 눈이 유달리 반짝이는 것이 귀엽고 신기해 휴대전화를 바짝 들이대고 사진을 찍기 시작했다. 지나치게 느리게 기어가기에 혹시 자전거나 도보 순례자의 바퀴에 발길에 다칠까 싶어 순례자들이 걸어 내려오는 쪽으로 등을 지고 서서 빨리 건너기를 기다리는데 어딘지 이상하다. 분명 앞으로 가려는 것 같은데 제대로 가지를 못하고 몸이 두어 차례 크게 비틀거린다. 다친 것 같다. 6월의 순례 길이라 유독 순례자들이 많은데 아무래도 자전거 바퀴나 순례자의 발길에 밟힌 듯하다. 길 한쪽으로 옮겨주고 싶지만 용기가 나지 않는다. 뒤에서 자전거가 빠른 속도로 다가온다. 비켜가라는 손짓을 하고 보냈지만 그대로 두기엔 위험했다. 이러지도 저러지도 못하고 쳐다만 보는데, 안간힘을 쓰며 움직이던 몸이 갑자기 뒤집힌다. 입 밖으로 비명이 터져 나온다.

죽어가고 있었다.

다친 것이 아니라 죽어가고 있었다. 나뭇가지 하나를 찾아 집어 들었지만 역시나 뭘 어쩌지 못하고 서 있는데 중학생 정도로 보이는 남학생 셋이 걸어온다. 말을 걸었지만 영어를 하지 못한다. 손으로 가리켜 보았지만 못 알아든은건지 못 본건지 그냥 지나쳐 가버린다. 조금 있으니 남자 순례자 두 명이 걸어온다. 길가에 가만히 서 있는 순례자가 이상해 보였는지 괜찮냐 묻는다. 짧게 상황을 전하고 옆으로 좀 옮겨줄 수 있겠냐 부탁하니 수풀로 옮겨준다. 그러더니 옆에 있는 나뭇잎을 두세 장 모아 덮어주기까지 한다. 고맙다고 말하고 다시 걷는데 눈물이 난다. 누군가처럼 아프게 떠났을 것 같아 눈물이 쏟아진다.

심장이 멈추면 고통도 멈춘다고 누가 장담할 수 있을까. 죽어보지 않았는데.

여전히 따뜻한 피가 흐르고 있었는데 고통을 느낄 수 없었을 것이라고 어찌 알까. 죽어보지 않았는데.

부디
너무 아프지 않았기를.
고통의 시간이 짧았기를.
이제는 편안해졌기를.

나의 아빠도.
너도.

1035일

주비리-팜플로냐 (31357걸음:5시간 33분)

숙소 앞 카페에서 빵 한 조각과 커피로 배를 채우고 팜플로냐를 향해 출발한다. 발바닥인지 발가락인지에 벌써 물집이 잡힌 것 같지만, 바늘과 실이 물집을 뚫고 들어가는 것을 볼 용기는 없다. 첫 번째 까미노에서 깨닫지도 못했던 사이 스스로 터져 주었던 것처럼 이번에도 알아서 사라져 주기를 바라며 있는대로 꾹꾹 힘을 주어 걷고 있다.

오늘 걸으면서는 한국에 돌아가면 무슨 일을 어떻게 시작할지 구체적인 계획들을 구상해보고자 했지만 이런 마음은 십여분이나 머물렀을까. 야심찬 계획을 밀어내고 첫 까미노에서 만났던 누군가 마음을 비집고 들어왔다. 마음의 어느 한 자리에 누군가 피어나는 일이, 또한 그 마음을 꺾어내는 일이 쉽지 않음을 새삼 깨닫는다.

"누구인지가 아닌 언제인지가 전부일지도 모르겠다.
너라서가 아니라 그때 그 마음의 나였기 때문일지도 모르겠다.
그저 어지러웠던 마음이었기에 네가 자리를 잡은 것일지도 모르겠다.

나이가 들어도 마음의 꽃이 시들지 않음에 서러웠지만
따뜻한 태양 아래서 푸른 밀밭을 걸으며
너는 너도 모르는 사이 내게 일종의 부활을 선사했다.

너의 길들이 따스하기를."

1036일
팜플로냐-푸엔테 라 레이나 (38590 걸음: 6시간 23분)

팜플로냐를 벗어나기 전, 바(bar)에 들러 초콜릿 크로와상 두 개, 뜨거운 커피, 얼음 한 컵, 오렌지 주스로 배를 채운다. 옆 자리에선 아빠, 엄마, 초등학생으로 보이는 아들 둘의 가족 순례자가 식사를 한다. 언뜻 보기에도 아빠와 아이들이 서로 무척 다정하다. 형으로 보이는 아이가 화장실에 가려고 일어서며, 옆에 앉아 있던 아빠의 뺨에 뽀뽀를 한다. 스페인에 온 후 여러 번 느낀 것인데, 수염이 덥수룩한 스페인 털보 아저씨들이 '보기와 달리' 다정하다. 가족 순례자를 보는 일은 항상 좋다.

출발하려고 일어서는데 에스텔에게 잘 걷고 있느냐 메시지가 들어온다. 답장을 한 후 걷기 시작한다. 오늘도 무사히 목적지에 도착할 수 있기를.

또 사람들을 잃었다. 다들 어디로 갔을까. 분명 어느 지점까지는 순례자들이 보이는데 걷다 보면 혼자다. 4차선 도로에 들어서서 또 혼자다. 무섭도록 쌩쌩 다니는 차들을 피해 길가에 바짝 붙어 조심스레 걷는데, 산불로 거뭇거뭇해진 수풀들 옆으로, 차도까지 기어나온 달팽이들이 보인다. 하늘로 간 그들의 행렬이 길게 이어진다.

이곳 순례길 위에서도 온갖 사라짐을 목격한다.
숨 쉬는 존재가 있는 그 어느 곳이든 사라짐이 공생한다.

생명을 부여받는 것은 축복이 아닐지도 모른다.

1037일
푸엔테 라 레이나 - 에스떼야 (48303걸음: 8시간 42분)

출발한 지 얼마나 됐을까. 어제 종일, 알아서 터지길 바라며 꾹꾹 밟았던 물집은 터지기는커녕 아침에 일어나니 잔뜩 부풀어 올라있다. 구슬치기를 하면 딱 좋을 크기다. 결국 동키(donkey) 서비스를 이용해 배낭을 오늘 묵을 알베르게로 미리 보낸 후 홀홀단신 걷고 있다. 배낭이 없으니 뒤에서 떠오른 태양에 등은 따뜻하고 몸은 깃털처럼 가벼워 금방이라도 날 듯하다. 걸음이 둥둥 떠오른다. 커다란 배낭에 푹 파묻혀 걷는 다른 순례자들을 마주치면 휑한 등이 조금은 민망스럽지만, 한 달 넘게 남은 길을 다치지 않고 완주하는 것이 중요하니 체면 따위는 제쳐둔다.

아빠! 오늘도 잘 걸어봅시다!

에스떼야의 알베르게에 누워있다. 오늘도 역시나 길을 잘못 들어섰고 결국 30km를, 8시간 40분을 걸었다. 계획을 잘 짜고 정신줄을 단단히 잡고 걸으면 몸이 덜 고달플 텐데 참 어지간하다. 매번 길을 잃지만 정신을 차리지 못한다.

구슬만했던 물집은 오늘 결국 사라졌다. 절뚝거리며 걷는 나를 본 브라질 단체 순례자 중 한 명이 바늘과 실을 들고 다가왔다. 소스라치게 놀라 괜찮다고 뒷걸음질 쳤다. 그런 나를 보던 다른 브라질 커플 순례자 중 한 명이, 괜찮다며 그냥 터뜨리라 한다. 아니다. 이건 '그냥 터뜨리는 것'이 아니다. 구슬 안으로 실을 꿴 바늘을 쑤욱 집어넣는 일종의 시술이다. 감염될지도 모르니 하지 않겠다며 한사코 거부했지만, 정열적인 브라질 순례자들이 이겼다.

내 물집에는 바늘과 실이 꽂혔다.

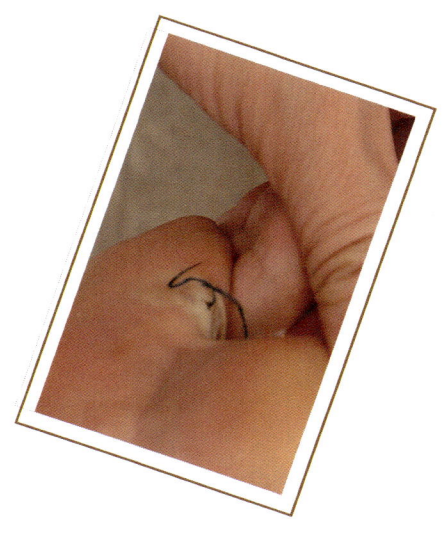

배낭 없이 생수 한 통, 사과 한 개, 복숭아 한 개만 들고 가볍게 걸었던 오늘의 까미노도 꿈길이었다. 맹렬한 스페인의 태양을 여섯 시간을 즐긴 덕에 팔이 화끈거리고 쓰라리지만 마음은 빈틈 없이 차올랐다. 첫 까미노에서는 그토록 신경이 쓰이던 '추월자'들도 이젠 괜찮다. 일부러 발걸음을 늦추고, 앞서가는 사람들의 뒷모습을 사진으로 남기고 그 사진들을 이메일로 보내주고 있다. 오늘은, 어제 사진을 찍어 보내주었던 디에고 부부가, 내 뒷모습을 찍었다며 이메일로 보내주었다. 의도하진 않았지만 주는 것이 있으니 돌아오는 것이 있다.

남은 인생은 까미노 같았으면 좋겠다. 너무 빨리 걸어 좋은 많은 것들을, 아까운 것들을 못보고 지나치지 않고, 너무 천천히 걸어 좋은 인연을 먼저 보내버리지도 않는 그런 적당한 속도로 걸을 수 있었으면 좋겠다.

걷지 못한 길들이 눈에 밟혀 두 번째 까미노에 다시 올 수밖에 없었던 것처럼, 인생길도 촘촘히 걸어내지 않으면 미련이 남을 테니, 지나버린 길에 마음이 줄줄 흘려질 테니, 걸을 수 있을 때 야무지게 걸어보자. 바람에 춤추는 황금빛 밀밭 사이를 걸으며 목청껏 노래도 불러 보고, 바삐 오가는 개미나 땅벌레를 밟지 않도록 사려깊게도 걸어보자. 줄곧 소똥만 보고 걸어야 하는 어느 날도, 어느 달도, 어느 해도 있겠지만, 그래도 걷고 걷고 걷다 보면 종착지에 다다를 테니 촘촘하게 걸어내 보자.

붓과 물감만 있다면 누구라도 고흐가 될 풍경

1038일

에스떼야-로스 아르고스 (36793 걸음: 6시간 18분)

양쪽 팔에 화상을 입었다. 다른 순례자들이 말해주지 않았더라면, 그냥 지나치게 탔다고만 생각했을 텐데, "이건 화상이야."라며 연고와 거즈를 건네주기에 그제야 알았다. 설상가상, 고질병인 아킬레스 통증까지 겹쳐 몸은 녹초가 됐는데 정신은 어찌나 말짱한지 새벽 5시에 절로 눈이 떠진다. 오늘은 걸음을 쉴 생각에 빨래도 하지 않았는데 무슨 고집인지 또 마음을 바꾼다. 쉬지 말고 쭉 걷자. 빨지 않은 어제의 양말, 바지를 다시 신고 입고 걸어야 하지만 괜찮다. 가까이 다가오는 순례자만 피하자.

혼자 걷다 보니 먼 길로 돌아 걷거나, 자전거 순례길이나 찻길로 잘못 들어서서 걷게 되는 경우가 종종 생긴다. 혼자 걸으려면 동행과 걷는 순례자들보다 많은 준비를 해야 할 텐데도, 순례길도 인생길도 무작정 걷는다. 불치병이다. 꼼꼼히 계획하고 걷는 순례자들도 종종 길을 잃는 것을 보면 지도나 동행만이 정답은 아니지만, 까미노도 인생도 한 가지 정답만 있을 리 만무하지만, 그렇지만 제발 하루만이라도 집중해서 걸어보자.

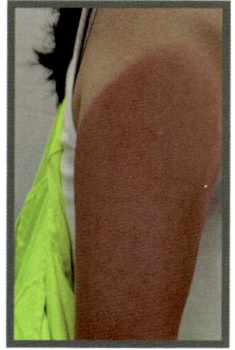

14km 지점을 통과했다. 화상 입은 양쪽 팔에 아빠의 바람막이를 교대로 걸쳐가며 해를 피해 보지만 소용이 없다. 스페인의 태양은 이름값을 톡톡히 해내고 있다. 겁이 날 정도로 양팔이 화끈거린다. 바람막이 위에 다시 두꺼운 우의를 한 겹 더 걸친다.

2시간 30분이 더 지났다. 스테로이드라도 맞은 듯 갑자기 양쪽 발목의 아킬레스 통증이 사라진다. 태양에 노출되는 시간을 줄여보고자 나무 그늘이 보일 때까지 거의 뛰다시피 걷는다. 그늘에서 잠시 쉬다 햇볕으로 나가는 순간부터 다음 나무 그늘까지 빠르게 걷기를 수차례 반복한다. 그렇게 걷다 보니 순식간에 디에고 부부를 따라잡았는데 그들이 놀라며 묻는다. 왜 이렇게 빨리 걷냐고. 발에 '모터'를 달았느냐 농담을 한다. (표 내지 않았지만, 체격이 큰 서양 남정네와 여인네를 앞지르는 순간의 기분은, 말로 할 수 없이 좋다.)

그리고 역시나. 그렇게 발에 모터를 달고 땅만 보며 정신 없이 걷다 어딘가에서 또 노란 화살표를 놓치고 말았다.

길을 잃지 않으면 내가 아니지. '성격이 팔자'라 했는데 인생을 살았던 대로 까미노를 걷고 있다. 장기적인 계획 없이 눈앞에 닥친 것들을 남들 하는 대로 대충 흉내내며 살다 보니 여러 차례 길을 잃었었다. 한눈을 팔다 인생길 어딘가에는 놓여 있었을 '노란 화살표'를 놓쳤고, 결국 돌고 돌면서 인생 항로가 복잡해졌다. 직행보다 볼거리는 많았으니 심심하진 않았다고 애써 위로해 본다.

알베르게에 도착해 샤워를 하려는데 땀에 잔뜩 절은 옷이 몸에 들러붙어 벗겨지질 않는다. 40년만의 더위가 찾아왔다는 스페인의 6월의 태양 아래서 기능성 바람막이와 우비를 껴 입고 여섯 시간을 넘게 걸었다.

샤워를 마치고 부스에서 나와 세면대에서 빨래를 하는데, 젊은 남자 순례자 하나가 들어와 샤워를 한다. 첫 까미노를 걷기 전, 남자와 여자 순례자들이 모두 한 공간에서 씻고 잠을 잔다는 누군가의 글을 읽고 서둘러 호신용 경보기를 주문했던 기억이 떠오른다. 하등 쓸모없는 걱정이었다. '순례자'라는 이름으로 적게는 20km, 많게는 30km를 걷고 나면, 한 공간에서 잠드는 순례자의 성별은 안중에도 없다. 수십 명의 순례자들이 정신을 놓고 곯아 떨어지는 한여름 순례길의 알베르게는 그 어느 공간보다 안전하다. 옆 침대에서, 아래 침대에서, 위 침대에서 잠을 자는 순례자가 남자인지 여자인지는 중요하지 않다.

가장 위험한 순례자는,
코를 고는 순례자다.
성별 불문 가장 두려운 이는 알베르게가 떠나가도록 코를 고는 순례자다.

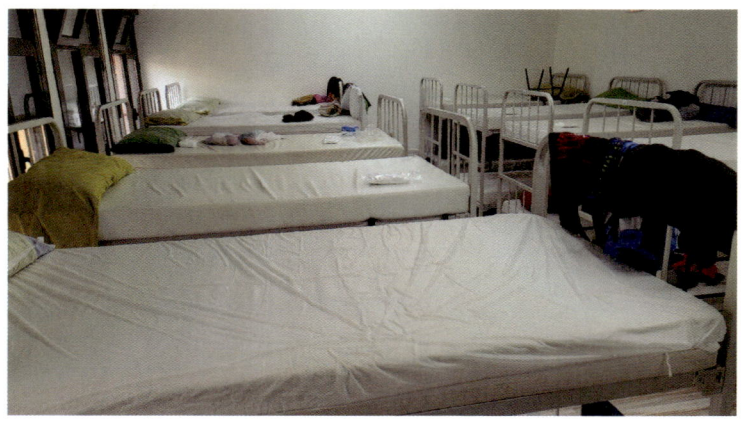

빨래를 끝낸 후 광장으로 나갔다. 먼저 약국에 들러 대용량 선크림을 하나 사고, 식사는 광장 중앙의 바(bar)에서 콜라와 스파게티로 해결했다. 원래 술이나 탄산음료를 마시지 않는데 순례길을 걷기 시작한 이후 매일 두 캔씩 콜라를 마신다. 두 번째 콜라를 주문한 후 앉아 있는데 50대 후반에서 60대 초반으로 보이는 미국인 여자 순례자가 함께 앉아도 되겠느냐 묻는다.

이번이 두 번째 순례길이라 한다. 첫 순례길은 남편과 걸었는데 얼마 전 이혼을 했고, 그래서 다시 순례길을 걸어보고 있다고 한다. 적절한 위로가 떠오르질 않는다. "잘하셨어요."라고 할 수도 없고, "모든 일은 다 이유가 있어서 일어나잖아요. 분명 우리가 모르는 어떤 이유로 일어난 일일 테니, 이해할 수 없는 어떤 섭리로 일어난 일일 테니 좋은 쪽으로 생각해 보세요. 심신의 안녕을, 마음의 평화를 위해서요."라고 할 수도 없다. "다시 좋은 사람 만나시길 바라요."라고도, "그래도 아이라도 남았으니 저보다는 나으시네요."라고 할 수도 없다.

한참 이야기하다 들어와 침대에 누웠는데 아래 침대를 쓰는 젊은 남자 순례자에게서 좋지 않은 냄새가 난다. 샤워하는 것을 봤으니 아마도 배낭이나 다른 소지품에 배어버린 냄새일 텐데 아침까지 버텨내기 어려운 수준이다. 무례하고 싶진 않지만 결국 사무실에 가 다른 침대로 옮겨도 되는지 묻고 허락을 받은 후 창가 쪽 침대로 옮겨 와 누워 있다. 마당에서는 젊은 순례자들이 소란스럽다. 그리 걷고도 지치지 않으니 젊음이 좋다. 해가 떨어지면 멈추겠지. 스페인의 여름 해가 지는 열 시가 되면 잠잠해지겠지.

오늘도 그저 코 고는 이가 없기만을 바라본다.

1039일

로스 아르고스 - 로그로뇨 (53478: 9시간 18분)

아킬레스건 통증이 극심하다. 버스를 타야 할 것 같다. 다른 순례자들이 모두 떠난 후 느짓막이 일어나 배낭을 챙기고 바(bar)에 가 아침을 먹는데, 요가를 가르친다 했던 한국인 순례자가 들어온다. 나처럼 발의 통증 때문에 다음 마을까지는 버스로 이동한다기에 함께 가기로 하고 정류장으로 간다. 하지만 버스를 기다리다 결국 또 마음을 바꾼다. 그냥 두 발로 걸어 보기로 한다. 하루를 쉰다고 큰 일이 나는 것도 아닌데, 쉬지 않고 걷고 있다는 성취감을 유지하고 싶은 것일까. 첫 까미노에서 고작 사흘을 걷고 몸살이 났던 것에 비하면, 오늘로 엿새를 쉬지 않고 걷고 있으니 대견하지만, 무모함은 대책이 없다.

인생길에서 드물게 실천했던 인내를, 느닷없는 순례길에서 정성스레 가다듬는다.

멀리 마을이 하나 보이지만 더는 속지 않는다. 닿을 듯 가까워 보여도 족히 4,50분은 걸어야 닿을 것임을 이제는 안다. 오늘도 길 양 옆의 노란 밀밭이 눈부시다. 고흐의 그림 안에서 걷고 있는 듯하다. 이런 풍경이라면 누군들 고흐가 되지 않을까. 어쩌면, 한낱 인간이 아닌 황금빛 밀밭이 천재가 아닐까. 어느 곳에서는 왼쪽이, 또 다른 곳에서는 오른쪽이 예쁘다. 덜 예뻐 보이는 쪽은 이미 베어진 밀밭이다. 베어진 탓에 바람에도 살랑거리질 않으니 덜 예쁠 수밖에.

살면서 마주쳤던 '덜' 예뻤던 사람들, 내가 그들을 만났던 그 순간의 그들은 어쩌면 이미 베어져 버린 밀밭이 아니었을까. 황량함만 남은 텅 빈 밀밭을, 초라한 마음을 내가 본 것은 아니었을까. 아름다웠던 누군가와는 그들의 밀밭이 가장 화려하게 일렁이던 시절 마주쳤던 것은 아닐까.

그러니 인생의 어느 순간에 나를 스쳐간, 그리고 스쳐갈 이들의 밑밭을 굳이 판단할 이유가 있을까.

며칠 전 에스떼야의 알베르게에서 나이가 지긋한 한 순례자가 어느 젊은 순례자를 특정해 좋지 않은 말을 장황하게 풀어놓는다. 용기가 부족했을까. "그런 말은 제게 하지 마세요."라고 하지 못하고, "그런 사람처럼 보이지 않던데.."라고만 비겁하게 대꾸하며 생각했다.

'내일은 이 순례자와 같은 알베르게에 묵지 않기를.'

누군가를 판단하지 않는 일은 참으로 어렵다. 말로만 쉬운 일이다.

풍경이 그야말로 환상적이다. 엄마와 이 길들을 걸어보고 싶다. 엄마가 좋아할 만한 길이다. 엄마도 걸어볼 수 있을 만한 길이다. 소중한 이들을 모두 데려와 걸어보고 싶은 그런 길이다.

오늘도 두 번 길을 잘못 들어섰다. 산책하던 스페인 노부부가 십여 분을 되돌아 걸으면서까지 도보 순례길로 돌려넣어 주었는데 어느 순간 또 순례길을 벗어나 자동차 도로를 한 시간 반이 넘게 걷고 있다. 구글 맵(Google Map)이 알려주는 남은 거리가, 걸어도 걸어도 줄지를 않는다.

지금 막 도보 순례길로 다시 들어섰고 지나가는 순례자 한 명과 "부엔 까미노!(Buen Camino!)" 인사를 한다. 오전에 어느 지점에선가 나보다 앞서 걸었던 순례자인데 다시 마주쳤다. 잘못 들어선 차도였지만 아킬레스건에 무리가 덜 가는 편한 길이었으니 결과적으로 내게는 이로웠던 셈이다. 그러니, 이제 길을 잃는 것에 대한 자책은 그만하자. 잘못 들어선 길이 최악의 길은 아닐 수도 있으니, 오히려 더 좋은 선택이 될지도 모르니 자괴감은 느끼지 말자. 그저 멈추지만 말자. 묵묵히 걸어내자.

오전에 마주쳤던 그 순례자 후 다시 또 쭉 혼자다. 순례자가 넘쳐나는 여름의 길이 혼자 걷는 여자 순례자에게 가장 안전할 것 같아 땡볕의 순례길을 고른 것인데 이상한 일이다. 다들 새벽 같이 출발해 일찍 도착하는 건지, 아니면 한낮을 피해 어딘가에서 시에스타를 즐긴 후 여유롭게 걷는 건지, 도대체 다들 어디로 가 걷고 있는 건지 알 수가 없다.

분명 2km만 가면 푸드트럭이 있다고 했는데, 12km를 잘못 적어 놓은 것일까...

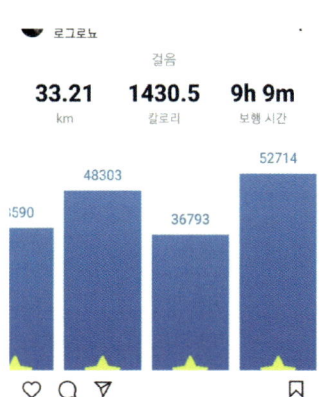

풍경이 예쁘다며 카메라에 담는 중년의 미국인 순례자 부부. 나는 그런 그들이 예뻐서 또 한 장.

1040일
로그로뇨

로그로뇨의 공립 알베르게. 눈을 뜨니 8시가 훌쩍 넘었다. 피곤했는지 알람도 듣지 못했다. 같은 방을 쓴 순례자들이 속으로 혹은 들리도록 욕을 했을지도 모르겠다. 몸을 반쯤 일으켜 방을 주욱 둘러보니 침대들은 이미 비어 있고, 남자 순례자 한 명만 우두커니 서 있다. 짐을 챙기던 중인지, 뭘 하던 중인지 모르겠지만 눈이 마주쳤고 나는 곧바로 고개를 돌린다. 이 큰 알베르게에 둘 뿐이다.

로그로뇨는 순례길 위의 많지 않은 대도시 중 하나. 아킬레스건 통증으로 오늘은 걷기를 멈추고 병원에 가야 한다. 1시에 다시 체크인하고 침대를 새로 배정받아야 하기에 배낭을 두러 1층으로 내려가는데, 눈이 마주쳤던 그 순례자도 하루를 더 머무는가 보다. 애써 눈길을 피해 서둘러 나가려는데 하필 문이 말썽이다. 그 순례자가 오더니 문을 열어준다. 고맙다고 말하고 나가는데 같이 아침을 먹지 않겠느냐 묻는다. 정색하고 혼자 먹겠다 하는 것도 우습다. 오픈된 공간이니 별 일이 있으랴.

바(bar)에서 아침을 먹었다. 서른 중반의 스페인 순례자인데 공무원 시험 준비를 하고 있다 했다. 얼마 전 할머니가 돌아가셨다 얘기하며 눈물이 글썽거리는 것을 보니 경계가 느슨해진다. 보기보다 '덜' 무서운 사람일지도 모르지. 병원에 가야 하는데 아는 스페인어는 인사말뿐이라고, 혹시 잠깐 같이 가 줄 수 있는지 물으니 고맙게도 동행해 준다. 스페인 계좌가 없어 그 순례자가 병원비를 대신 결제해 주었고, 오후에 현금으로 갚기로 했다. 고마운 마음에 다른 바(bar)에 가 타파스를 샀다. 스페인 사람답게 타파스에 '빠삭'하다. 저녁으로 다른 타파스를 먹어 보기로 했고 체크인 시간에 맞춰 1시쯤 다시 알베르게로 돌아왔다. 부지런한 몇몇 순례자들은 벌써 도착해 줄을 서 있다. 3시간 가까이 나와 동행한 그 스페인 순례자가 먼저 체크인을 하는데 나를 가리키며 담당자에게 말한다.

"We are together.(우리는 일행이야/우리는 함께야/(연인 사이에서는)사귀는 사이야)"

맙소사. 오늘도 알베르게는 순례자들이 넘쳐날 테니 걱정 없지만, 기분이 옴팡 상해버렸지만, 순례자들이 많은 자리에서 불쾌감을 드러내기는 싫었고 그렇게 그 순례자의 옆 침대를 배정받았다. 미세한 뉘앙스 차이에서 비롯된 오해일지도 모른다. 단순히 돕고자 하는 의도였을지도 모른다. "일행"이라고 말할만한 친분이 쌓였다고 생각했을지도 모르겠다. 마당에 혼자 앉아 있는데 그가 메시지를 보내온다.
"Are you okay?"
후다닥 밖으로 나가 현금지급기에서 현금을 인출한 후 동전까지 정확하게 계산해 병원비를 건네는데 타파스를 사지 않았느냐며 지폐 한 장만 받고 잔돈은 돌려준다. 배가 불러 저녁은 먹을 수 없을 것 같다 말하고 주방으로 나왔다. 브라질 커플 순례자, 독일 순례자, 영국 순례자가 저녁을 준비하고 있다. 내가 혼자 걷고 있는 것을 아는 브라질 순례자가 말한다. '그 순례자'가 "We are together."라고 할 때 깜짝 놀랐다고.

그들이 만든 달달한 상그리아를 나눠 마시며 얘기하다 10시쯤 방으로 돌아와 침낭을 얼굴까지 끌어올린 채 잠들었다.

1041일
로그로뇨-나헤라 (53118 걸음: 8시간 9분)

의욕이 사라졌다. 온데간데 없다.
도대체 여기서 왜 이러고 있을까.
도대체 뭘 한다고 여기서 이러고 있을까.

1042일

나헤라-그라뇽 (46353 걸음: 7시간 23분)

오늘의 목적지는 그라뇽. 어제 잠들기 전, 화상 부위를 찍었는데 생각보다 심각하다. 물집이 양쪽 팔을 가득 덮었다. 외국인 순례자들이 이런 건 처음 본다며 약을 건네준다. 잔뜩 부풀어오른 아킬레스 건도 며칠째 가라앉질 않는다. 순례길을 중단해야 할 상황이 오려나 겁이 덜컥 난다.

다행히, 어제의 침울한 마음은 금새 회복이 되었다. 한 걸음씩 내딛다 보니 어느새 달이 뜨고 별이 떴다. 잃었던 것들이 달과 별로 와 긴밤 내내 환하게 머물러 주었고 그렇게 마음 속 회오리도 가라앉았다.

… 큰일이다.

이 모든 것들이 그리워질 것 같다.

아빠, 오늘도 잘 걸어봅시다!

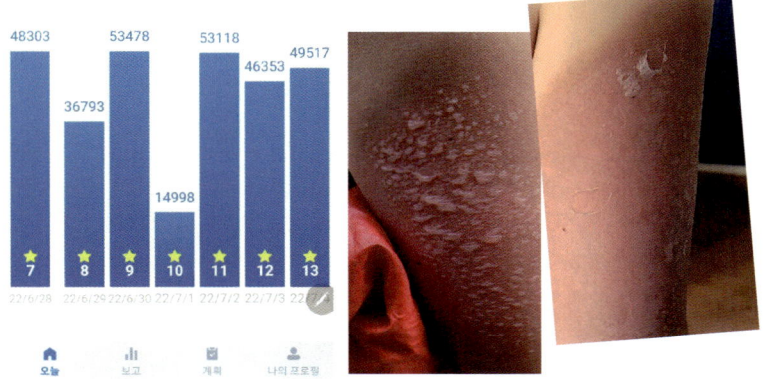

금빛 밀밭이 예뻐 아빠의 18번 〈낭만에 대하여〉를 크게 들려 드린다. 이 노래를 부를 때의 아빠의 표정과 손짓이 생생하게 떠오른다. 괜찮다. 웃다 울어도, 울다 웃어도 눈치를 살필 일이 없다. 혼자라는 것이 이보다 좋을 수 없다.

내가 내가 되는 순간.
내가 나로 숨 쉬는 순간.

왼발 오른발을 하나씩 하나씩 흙길 위로 포개어 가며 걷는 순간.
새가 노래하는 순간.
바람이 와 닿는 순간.
들꽃이 나풀거리는 순간.
나비가 따라 걸어주는 순간.
새와 바람과 꽃과 나비가 동행이 되어주는 이 모든 꿈결 같은 순간들.

나란히 걷기엔 아직 때가 되지 않은 것일까. 앞뒤를 둘러 보았을 때, 멀지 않은 거리에 다른 순례자들이 있음을 확인할 수 있는 그 거리가 내게는 맞다.

가깝지도 멀지도 않은 거리.

길 위에 나 혼자는 아님을 알 수 있는 딱 그만큼이 내겐 옳다.

궂은 비 내리던 날

그야말로 옛날식 다방에 앉아 도라지 위스키 한잔에다 짙은 색소폰 소릴 들어보렴.

이제와 새삼 이 나이에 청춘의 달콤함이야 있겠냐만은

왠지 한곳이 비어있는 내 가슴이 잃어버린 것에 대하여

...

낭만에 대하여

-최백호, 〈낭만에 대하여〉

1043일

그라뇽-발라프랑카 몬테 데 오카 (49517 걸음: 8시간 8분)

매일 저녁 알베르게에 도착하면 '도착'이라는 두 글자와 그날의 걸음 수를 엄마에게 알리며 생존신고를 한다. 오늘 아침 엄마가 말한다. 아빠 딸 답다고. 대단하다고.
"이제 무슨 일이든 하겠네. 무서울 게 없겠네."
내가 답한다.
"엄마, 이 길을 걷는 게 내가 했던 일 중 가장 쉬워요. 화살표만 따라 걸어가면 되는데 힘들 게 뭐가 있어요. 내가 걸었던 어떤 길보다 쉬워요."

정해진 길을 따라 두 발을 옮겨놓기만 하면 되는 일이 뭐가 어려울까. 일탈행위를 하지 않는다면, 걷기 위한 몸 관리만 잘 한다면 무리 없이 매일의 목적지에 도착할 수 있는 이 길이 뭐가 어려울까. 또렷하게 그려진 노란 화살표만 따라가면 되는 이 길 위에서는 대책 없는 겁쟁이인 나 조차도 그리 대단한 용기를 낼 필요가 없다. 어느 길을 택할지 머리를 싸매고 고민하지도, 어떤 목적지에 닿을지 밤잠을 설치며 걱정하지도 않는다. 산티아고 데 콤포스텔라로 이어지는 한 길을 두 눈만 부릅뜨고 걸어내면 되는데 뭐가 어려운 것이 있을까…

이 길을 걸어냈다 해서 앞으로의 인생길을 더 용감하게 거침없이 걸어 나갈 수 있으리라는 것은 말이 되지 않는다. 어불성설.

1044일

빌라프랑카 몬테 데 오카 - 아타푸에르타 (31025 걸음: 5시간 00분)

으슥한 숲길을 걷고 있다. 출발할 때는 예닐곱 명의 순례자가 보였는데 역시나 다들 약속이라도 한 듯 어디론가 사라졌고, 무엇이 튀어나올지 모르는 숲길을 혼자 걷고 있다. 잔뜩 긴장한 탓에 두통이 시작된다. 어딘가에 숨어서 나를 지켜보고 있을지 모를 들짐승 혹은 사람에게, '내게는 무기가 있어.'라는 것을 보여주기 위해, 양팔로 스틱을 크게 휙휙 앞뒤로 저으며 걷는다. 실체 없는 대상에 대한 공포로 숨이 콧구멍 밖으로 제대로 뿜어지지도 못한다.

도대체 다들 어디로 간 것일까. 쉼터로 보이는 곳에 도착했지만, 텅 빈 을씨년스러운 벤치들이 오히려 두려움에 불을 지핀다. 소리를 지르면 들릴 거리에 어느 순례자든 있을까. 안개는 또 왜 이리 자욱할까. 돌아버릴 지경이다.

출발한 지 1시간 48분째. 여전히 혼자다. 중간 어느 지점에선가, 숲길의 오른쪽에서 들린 바스락 소리에 무너졌고 결국 울음을 쏟았다. 하지만 돌아가기엔 멀리 왔다. 전진 밖에는 수가 없다. 온 신경이 곤두선 채 걷는데 어느 순간 눈 앞에 노란 배낭이 들어온다.

살았다!

빠르게 걸어 노란 배낭 뒤로 바짝 다가선다. 뒤를 돌아보는 순례자. 길에서 가끔 마주쳤던, 어제 알베르게의 옆 침대를 나란히 사용했던, 디에고 부부와 친해 보이던 프랑스 할머니다. 밝은 목소리로 "부엔 까미노!(좋은 길 되세요!)"라고 인사했는데 내 얼굴에 두려움이 묻어 있었을까. 아니면 할머니의 연륜일까. 자기 뒤를 따라 걸으라며 한마디를 덧붙이신다.
"No lion(사자 같은 건 없어)!"

혹시 할머니도 무서웠던 것은 아닐까. 나는 사자의 '사'자도 입 밖에 꺼내지 않았는데...

쉬게 해달라고 아우성치는 발을 무시하고, 걸음이 빠른 할머니와 틈을 벌리지 않으려고 열심히 따라 걸으며 고백한다. 실은 너무 무서워 울기까지 했노라고.

얼마나 뒤따라 걸었을까. 영업준비를 하는 푸드트럭이 눈에 들어온다. 할머니가 주인에게 인사를 건넨 후 곧바로 말한다.
"이 아가씨가 숲길을 걸으면서 무서워 울었다네요."
아저씨가 웃으며 말한다. 다른 지역 숲엔 가끔 늑대가 나타나지만 여긴 위험한 동물 따위는 없다고.
"네가 조심할 건 혹시 길에서 보일지 모르는 뱀 뿐이야. 여기는 귀여운 다람쥐 천국이거든."
실신 직전의 상태에서 나를 살려준 할머니에게 커피 한 잔을 대접한 후 다시 혼자 걷기 시작했다.

그런데,

안개 자욱한 으슥한 숲길은 그대로인데, 나는 이제 콧노래까지 흥얼거리며 걷고 있다. 분명 같은 길인데, 위험한 동물 따위는 없다는, 다람쥐 천국일 뿐이라는 아저씨의 말에 세상 평화를 다 얻었다. 이토록 예쁜 숲길을 두 시간 넘게 놓쳐버린 것이 아까울 뿐이다.

... 나의 부처님이 맞았다. 모든 것은 마음먹기 나름. 일체유심조.

순례길 위에서 원효대사가 되었다.

이틀 전, 혼자 걷는 길과 고독의 시간을 찬양해 마지 않았는데 성급했다. 스스로를 몰랐다. 혼자 걷는 길이 최고라는 그 마음은 고이 접는 것이 신상에 이롭겠다 싶다. 동행과 발을 맞추어 걷는 것이 천하제일 겁쟁이에게는 더 이롭겠다 싶다.

로그로뇨의 '그 순례자'를 피하기 위해 지난 사흘은 사립 알베르게를 골라 머물렀다. 오늘도 이곳 사립 알베르게에 도착해 네 개의 침대가 놓인 작은 방 안으로 들어서는데 한 침대 아래 놓인 낯익은 신발이 눈에 들어온다.

아뿔싸.

예측 오류 발생…

1045일

아타푸에르타 – 부르고스 (41899 걸음: 6시간 47분)

눈을 뜨니 6시. 여자 순례자는 언제 출발을 한 건지 방 안에 '그 순례자'와 나 둘 뿐이다. 서둘러 가방에 짐을 욱여 넣고 나가려는데 '그 순례자'가 맨몸으로 침대에 누워 한 팔로 머리를 받친 채 말한다.
"네가 이것저것 챙기며 움직이는 것을 보는 것이 좋아."
라고 털이 바싹 서는 소리를 한다. 대꾸하지 않고 알베르게 주방으로 나왔는데 '그 순례자'가 얼어붙게 만드는 메시지를 보내온다.

순례길을 전담하는 경찰들이 있다고 들었는데 신고를 해야 할까.

―

화상에도, 아킬레스건 통증에도 걷기를 중단할 생각을 해보지 않았는데, '그만 걸을까...' 라는 생각이 멈추질 않는다. 혼자 순례길을 걷기로 한 것이 지나치게 호기롭거나 무모했을까. 기운이 빠진다.

오싹한 메시지를 받고 곧장 알베르게를 나와 걷기 시작했지만, 그 순례자를 외진 숲에서 마주치게 될까 겁이 나 순례길로 들어서질 못하고 되돌아 나오기만 세 차례. 일단 부르고스까지는 버스나 택시를 타고 이동할까...

마음을 다잡는다. 정신 나간 낯선 이 때문에 이렇게 순례길을 망칠 수는 없다.

바(bar)에 들러 한 시간 정도 쉬며 걱정을 누르고 다시 걷기 시작했는데 한결 가뿐하다. 사나흘 전쯤부터는 매일 걷는 평균 20km정도의 거리도 수월하다. 이제 이 정도는 '식은 죽 먹기'다. 다른 순례자들도 같은 말을 한다. 처음만큼 힘들지 않다고.

그러고 보면 몸이란 놈은 적응이 빠르다. 고행 같던 긴 거리와 바윗덩어리 같은 배낭에 이토록 빠르게 적응하는 것을 보면 영리한 놈이다. 그 몸에 깃든 마음도 따라 영리하다면 좋으련만, 몇 번의 고통을 견디면 두껍고 단단한 심지가 자라나 다시 오는 고통 쯤은 쉬이 넘길 수 있으면 좋으련만, 눈치도 없고 강단도 없다. 여차하면 부스러진다. 손가락 사이로 맥 없이 흘러내리는 것이 딱 연두부 같다.

부르고스 성당 앞의 순례자 조각상

1046일

7일을 걷고 하루를 쉬었다. 다시 5일을 걸은 후 오늘 하루를 더 쉬는 것이니, 순례길 위에서 열흘하고도 나흘의 시간이 지나간다. 이 길을 걸으며 매일 생각한다. 신기하리만치 인생과 닮았다고.

지루한 길이 길어진다 싶으면 어느 순간 그림 같은 풍경이 나타나 경탄하게 한다. 그런가 하면 그 환상적인 풍경도 어느새 사라지고 황량한 길이 계속된다. 걸어도 걸어도 끝이 나지 않을 것 같은 오르막에서는 당장이라도 걸음을 멈추고 싶지만 그 마음을 누르고 걸어내면 결국엔 목적지에 도달한다.

흡사 거머리처럼 등짝에 들러붙은 척 배낭 또한 당장이라도 내동댕이 치고 싶은 마음이 몇 번씩 들지만, 용기있게 손을 내밀기만 한다면 기꺼이 배낭을 나눠 들어 주는 순례자가 나타난다. 배낭만 없다면 매일의 순례길이 평탄할 것 같지만 배낭을 보내고 단출하게 걷는 홀가분함은 생각보다 길지 않다. 어떤 날은 아홉 시간까지도 이어지는 길고 고단한 순례길에서 배낭 없이 걷는 기쁨은 길어야 두어 시간. 걷는 시간이 길어질수록 외려 불안함이 커진다.
'혹여 넘어지기라도 하면, 배가 고파지기라도 하면…'

각자의 인생에 한 개, 두 개, 열개 씩 얹혀있는 '짐덩어리들'이 없다면 가뿐하기만 할 것 같지만, 배낭이 무겁고 짐스러운 것은 그 배낭을 나누어 들어 주마 라며 손 내밀어주는 동행이 없어서는 아닐까. 다정히 말을 건네주거나 어깨를 토닥여주는 동행이 있다면 가파른 오르막도 집채만 한 배낭도 그럭저럭 견뎌지는 것이 아닐까. 버겁기만 하던 '짐덩어리들'이 비틀거리며 넘어지는 순간 나를 지탱해 주지 않을까. 피레네에서 나를 살린 끌로드 할아버지의 그 보물배낭처럼 힘들 때 하나씩 꺼내 먹을 수 있는 달콤한 초콜릿 빵과 사과를 품고 있지 않을까.

한 번이라도 고통에 절뚝이며 순례길을 걸어본 이들은, 그럴 때 함께 걸어주는 순례자를 만나 본 이들은 맛보지 않았을까. 말을 걸어주는 다른 순례자가 등장하는 순간 거짓말처럼 통증이 사라지는 그 신묘한 맛을 알지 않을까.

짐덩어리를 훌훌 벗어 던지고 경쾌하게 닿은 목적지에, 어깨를 맞대고 함께 걸어 들어갈 동행이 없다면 스산하지 않을까. 홀로 닿은 목적지에서 언제가 벗어 던졌던 그 짐을 애타게 찾게 되진 않을까.

혼자가 편한 개인주의자의 마음이, 두 번의 순례길을 걸으며 자꾸 들썩인다.

🍂

어제 부르고스에 함께 들어섰던 순례자들과 광장에서 맥주를 마시는데 누가 내 등 아래를 툭툭 두드린다. 돌아보니 생장에서부터 마주쳤던 미국인 부녀 순례자 중 딸이 서 있다. 이 부녀의 사진도 여러 장 찍어 이메일로 보내줬었다. 태권도 검은띠 시험을 앞두고 있다던 아홉살 아이는, 처음엔 말을 걸어도 거의 웃음을 보이지 않고 무표정에 가까워, 나를 별로 좋아하지 않는가 싶었는데, 언젠가부터 알베르게든, 길 위든, 식당이든 마주치면 다가와 아는 척을 했다. 그러는 와중에도 웃는 얼굴은 거의 보여주질 않던 아이가, 어제는 본 중 가장 밝은 얼굴로 환하게 웃으며 아는 척을 한다. 그 반가운 얼굴이 고마워 나도 모르게 아이를 꼬옥 안아 주는데 내 눈에 이유 모를 눈물이 고인다. 오렌지 주스를 마시겠냐 물으니 아빠에게 물어보겠다며 광장 벤치에 앉아 있는 아빠에게 달려가 허락을 받아온다.

마음이 움직이면 영리한 몸이 알아챈다.
빗장을 푼 눈빛과 몸짓은 감춰지지 않는다.
순례길 위에서도, 인생길 위에서도 마음을 녹이는 것은 사람이다.
순례길 위에서도, 인생길 위에서도 마음을 얼리는 것은 사람이다.
녹이는 것도 얼리는 것도 그 모두가 결국 사람이다.

왜 또 귀마개를 준비하지 않았을까...

부르고스 공립 알베르게에서 바라본 부르고스 성당

1047일
부르고스 -호닐로스 (34300 걸음: 5시간 4분)

1048일
호닐로스 - 카스트로헤리츠 (32056 걸음: 4시간 42분)

목적지까지 남은 시간은 1시간 7분. 나무그늘이 많아 덥진 않지만 아스팔트 길이라 발바닥이 아프다. 어제 호닐로스 알베르게 앞에서 혼자 연거푸 술을 마시던 6,70대 정도로 보이는 아일랜드 아저씨 뒤에서 걷고 있다. 옆 테이블의 다른 사람들에게는 줄곧 말을 걸면서도 내게는 인사를 하지도, 눈을 마주치지도, 말을 걸지도 않던 아저씨. 그런데 어쩐 일인지 아저씨의 걸음에 고뇌 같은 것이 배어 나온다. 억측해보자면, 슬퍼 보이기까지 한다. 이상하게도 아빠를 떠오르게 하는 저 순례자를 보니 궁금해진다. 아빠와 함께 걸었다면 좋았을 이 길들. 아빠는 어떤 모습으로 순례길을 걸었을까.

최면 치료 후 거짓말처럼 편안해졌던 마음이, 다시 주춤한다.

정말이지 코골이에 지쳤다. 귀마개를 사는 것을 매번 잊는 바람에 매일 저녁 몇 번씩 깨곤 했는데 오늘은 단잠이 절실하다. 마을에 들어선 후 가장 먼저 보이는 사립 알베르게로 들어와 40유로의 독방을 예약한다.

야무지게 푹 쉬어보자.

저녁은, 한국 사람이 운영한다는 식당에 가 비빔밥으로 먹었다. 역시나 한국인 단체 순례자들이 많다. 식사 전, 알베르게에서 일하는 중년의 영국인과 이야기하게 됐는데, 그 분이 사하군에 있는 어느 신부님을 만나보라며 종이에 신부님의 이름과 알베르게 이름을 적어준다. 제대로 이해했다면, 아주머니는 예쁜 손자를 자주 보지 못하는 '슬픔'을 참으면서까지 일 년의 절반을 알베르게에 머무른다 했다.

'도대체 순례길이 뭐라고...' 생각하다 이내 또 이해가 된다.

아주머니가 말한 사하군의 알베르게에 묵으려면 일정을 조정해야 한다. 생장에서 받은 스케줄대로 걸어왔는데 걸음을 늦추기로 한다.

1049일

카스트로헤리츠 - 프로미스타 (44141 걸음: 6시간 55분)

아침을 먹겠다고 알베르게 주인에게 말해 놓았는데 식탁에 앉고 보니 계산을 미리 한 프랑스 노부부의 식사만 준비되어 있다. 길에서 몇 번 마주친, 한 번은 같은 알베르게에 머물며 짧게 인사했던 할머니, 할아버지다. 할머니가 병에 담긴 본인 몫의 새 오렌지 주스를 내게 주신다.

카스트로헤리츠를 빠져나오는 데만 46분이 걸렸다. 마을을 빠져나온 직후 할머니와 할아버지를 다시 마주쳤다. 손을 잡고 다정히 걸으시는 것이 보기 좋아 사진을 찍었고, 사진 찍은 것을 보내드리겠다 하니 할머니께서 이메일과 휴대전화 번호를 알려 주신다. 그리고 다시 손을 잡고 콧노래를 흥얼거리며 걸어가신다. 아킬레스건 통증으로 달팽이 마냥 걷고 있었는데 할머니 할아버지의 다정한 모습 때문일까? 두 분의 사진을 찍은 후 또 아픈 것이 사라졌다. 까미노에서는 다른 순례자와 함께 걷거나 대화를 시작하면 언제 그랬냐는 듯 통증이 사라지고 제 속도로 걷게 된다. 독신보다 기혼자가 심장병에 걸릴 확률이 낮다는 것과 같은 이치일까.

아빠와 엄마도 저렇게 함께 이 길을 걸을 수 있었다면 얼마나 좋았을까...

만만하게 보였던 언덕은 보기보다 센 놈이었다. 한 번도 깨지 않고 깊은 잠을 잔 첫 아침이었음에도 정상이 좀처럼 가까워지질 않는다. 내겐 피레네만큼이나 힘들었던 언덕 정상에 겨우 도착하니 할머니 부부가 앉아 쉬고 계신다. 옆에 앉아 함께 쉬며 이야기하다, 두 분을 보니 아빠, 엄마 생각이 난다고, 아빠는 3년 전 교통사고로 돌아가셨다고 불쑥 말해버렸다. 눈물이 고인 내 눈을 보며 할머니가 말한다. 얼른 짝을 만나 나만의 가족을 꾸리라고. 괜한 소리로 공기를 무겁게 만든 것 같아 짐짓 가벼운 척 하며 내가 다시 말한다.

"그리 많은 시간이 지나진 않았지만 이젠 괜찮아요. 거의 회복된 것 같아요."

웃으며 말하는 나를 보고 할머니도 웃으며 말씀하신다.

"그런 상실은 회복될 수 있는 게 아니야. 절대 극복되지 않는 슬픔도 있어. 나는 두 아들을 잃었거든."

……

무슨 말이든 해야 하는데 어떤 말도 나오지가 않는다. 고개를 돌려 옆에 있는 할아버지를 바라보는데 옅은 미소만 보이신다. 잠시 생각한다. 프랑스 분이시라 혹시 영어 전달을 잘못하신 것이 아닐까.

위로의 말을 하지도, 안아드리지도 않았다. "어제 걷다가 다리가 부러졌어."라든가, "알베르게에서 배낭을 도둑맞았어."라는 말이었다면, 말끔하면서도 적절한 위로를 던지고, 그에 걸맞는 표정 또한 지어 보일 수 있었을 텐데 어떤 위로도 표정도 만들어 낼 수가 없다.

다 큰 두 아들을 잃은 부모에게 어떤 위로를 할 수 있을까.
위로라는 것이 존재하기는 할까.

그냥 입을 다무는 것이 낫다.

나의 반응이 일반적이지 않다고 느끼셨는지, 혹시 못 알아들은 건가 싶으셨는지 할머니가 다시 한마디를 하신다.

"아들 둘과 딸이 하나였는데, 이젠 막내딸 뿐이야. 그 딸이 얼마 전 결혼을 했고 손녀가 태어났는데 너무나 예뻐."라며 휴대전화에 담긴 딸과 사위, 손녀의 사진을 여러 장 보여주며 환하게 웃으신다.

대화의 끝맺음을 어떤 말로 어떻게 했는지 기억나지 않는다. 길에서 다시 만나자고 인사하며 서둘러 걸음을 옮겼다.

아그네스 할머니와 헤어진 지 11km가 지나서야 첫 바(bar)를 찾았다. 작은 빵 하나와 커피로 배를 채우고 한참을 쉬었다가 주섬주섬 짐을 챙기며 일어나는데 할머니 부부가 들어오신다. 그런데 할머니가 자꾸만 내 사진을 찍어주겠다하신다. 사진 찍는 것을 좋아하지 않는다고 하니, "그럼 발이라도 찍어줄게."라며 정말로 "발이라도" 찍으신다.

오렌지 주스에 대한 보답으로 빵 두 개를 사서 테이블에 놓아 드리니 한 개면 충분하다며 사양하신다. 나는 유제품 알러지 때문에 빵을 먹지 못한다고, 두 분께 드리려고 일부러 산 거라고, 이미 계산이 끝났으니 방법이 없다고 우기며 기어이 테이블에 올려 놓는다. 할머니가 물으신다. 발이 아프다더니 왜 그렇게 빨리 걸었냐고. 깜짝 놀랐다고. 그래서 알려 드린다.

할머니, 할아버지 때문에 정신없이 우느라, 정신없이 빨리 걸어야 했다고.

그랬다. 먼저 출발하겠다며 등을 돌리던 그 순간 바로 눈물이 터졌고, 그렇게 한참을 다른 순례자가 없는 조용한 길 위에서 요란스레 울었다. 아빠 때문이 아니었다. 오늘 할머니, 할아버지와 얘기를 나눈 이후 나는 단 한번도 아빠 때문에 울지 않았다.

할머니와 할아버지. 막내딸과 사위, 손녀가 항상 건강하고 평화롭기를. 이르게 떠난 이들의 몫까지 오래도록 함께 하기를.

저녁은 다른 순례자들과 함께 먹었다. 계획에 없던 일이다. 시에스타가 끝나길 기다리며 혼자 앉아 아이스크림을 먹는데, 순례길 초반에 알게 된 미국 순례자 제임스가 말을 건다. 그러다 제임스와 알고 있는 아일랜드 순례자 아이린과 인사를 하게 됐고, 그렇게 그녀의 남편, 제임스, 그리고 그들이 알고 있는 또 다른 순례자 세 명까지 합류해 모두 여덟명이 함께 식사했다. 40대, 50대, 60대, 70대가 골고루 섞인 자리라서인지, 20대 초반의 순례자들과 함께 할 때와 대화의 분위기나 주제가 사뭇 다르다. 와인이 한두 잔 들어가다 보니 다들 이런저런 이야기보따리들을 푼다.

대학에서 학생들을 가르치다 퇴직했다는 오스트리아 할아버지는 매년 순례길을 걷고 있다면서, 무슨 일이 생기지 않는 한 앞으로도 계속 순례길을 걸을 것이라 한다. 금융권에서 일하는 아이린은 남편과 고등학교 때 만나 연애하고 결혼했다 하는데, 좋은 남편과 착한 자식들이 있어 행복하다고 말한다. 제임스는 몇년 전 아버지가 돌아가셨고 그로 인해 꽤 힘든 시간을 보냈다고 털어 놓는다. 이름은 기억나지 않는 나머지 두 중년 남자 중 한 명은 산티아고 데 콤포스텔라에 도착하면 남편이 기다리고 있을 것이라 하고, 다른 한 남자는 10년을 함께 산 동성 파트너와 포르투갈에서 만나 여행을 시작할 것이라 한다.

이룬 것, 가진 것이 많은 누군가는 인생의 성취들을 펼쳐놓는데, 오스트리아 할아버지 순례자는 희미한 미소와 함께 짧은 답만 하신다. 오래묵은 온기일까. 저리 나이들어야겠다 싶어지는 순간이다. 나는 아직 덜 여물어서일까. 이룬 것, 가진 것이 많지 않은 젊은 친구들과의 자리가 편하다. 보석 같은 젊음을 가져서인지 화려한 성취가 없이도 빛을 내는 젊은 순례자들이 한결 편안하다.

이상하게도 순례길에서는, 생전 처음 마주친, 아마도 다시는 만나지 못할 낯선 외국인 순례자들에게 속을 털어놓는 일이 어렵지 않다. 같은 한국인 순례자들에게는 말을 거르고 또 거른다. 같은 언어, 같은 문화를 공유한 이들에게는 하지 않을, 하고 싶지 않은 얘기들을, 인생을 살며 다시 마주칠 확률이 제로에 가까운 외국인들에게는 술술 풀어놓는다. 속을 풀어놓는 것만으로도 효과가 있다.

1050일

프로미스타 - 까리온 (38519: 6시간 9분)
첫 까미노에서 나를 분노하게 했던 시에스타.

여섯 시간만에 양팔에 화상을 입은 나는 이제 시에스타를 십분 백분 이해한다. 스페인의 여름 태양이 가장 높이 떠 있을 시간에, 그 누구에게든 서비스를 요구하는 것은, 가게 문을 열고 몸을 움직여 음식을, 음료를 만들어 달라 요구하는 것은 범죄에 가까울지도 모른다. 이해한다. 하지만 그럼에도 시에스타는 분명 깊은 한숨을 불러온다.

모두 잠든 유령마을을 통과해야 할 때면 더더욱...

🍂

오늘은 어제 만나 속을 풀어놓은 아이린과 한 시간 가까이 함께 걸었고 그러다 어느 지점에서인가 내가 또 말한다.
"나는 이제 좀 천천히 걸어야 할 것 같으니 너는 너의 속도에 맞춰 먼저 가. 또 보자. 부엔 까미노!"
나와 인사하고 길쭉한 다리로 저벅저벅 걷기 시작한 아이린은 조금 앞서 걷고 있던 남편과 금방 합류한다. 느린 내 걸음에 맞추어 걸어준 것 같다.
언제든 첫 걸음은 가뿐하다. 문제는 두 번째 걸음.

관계의 구슬을 꿰는 마법의 실을 어디서 찾아야 할까.

누군가와 속도를 맞추는 것이 여전히 부담스럽지만, 같이 걸어주겠다는 순례자들을 아직도 이런저런 핑계로 보내버리지만, 연습을 해 보려 한다. 곁을 내어주는 연습. "같이 걸어줄까?"라는 마음들을 밀어내지 않고 보조를 맞추는 연습.

향기가 남는 스침일지 아닐지는 내가 예측할 수 있는 영역이 아니니, 설사 생채기가 남는 스침일지라도 받아들이는 법을 반복해 배워보는 편이 나을지도 모르겠다. 그렇지 않으면, 언제 어디서 마침표를 찍을지 모르는 인생길을, 양손에 기껏 가느다란 스틱 두 쪽을 힘주어 쥐고 크게 흔들고 걸으면서, 스스로를 '잘' 보호하고 있다고 착각하면서, 좋아하는 노래만 혼자 목청껏 불러대면서, 그렇게 인생의 종착역에 도착해 버릴지도 모르니 연습을 해보자.

어느새 순례길의 절반을 걸어버렸다. 하루가 아쉬운데도 매일의 출발선을 통과하는 순간부터 멈춤 없이 혼자만의 경주를 시작한다. 누가 쫓아오기라도 하듯 바삐 걷는다.

빠르든 느리든 결국엔 누구든 도달할 인생의 산티아고에 이를 때쯤, 나는 그 때도 지금처럼 속도를 내 걷고 있을까. 아니면, 가능한 한 느리게 닿으려 안간힘을 쓰며 걷고 있을까. 인생의 종착지를 목전에 둔 그 어느 때, 나는 과연 얼마만큼의 속도로 걷고 있을까.

걸음의 속도를 선택할 기회가 주어지기는 할까...

준비 없이, 인사 없이 홀연히 끝나는 길만은 아니기를...

발을 다쳐 배낭 없이 걷는 라트비아 순례자

1051일

까리온 - 모라티노스 (41242 걸음: 6시간 10분)

6시 30분에 출발해 27분이 지났다. 열심히 땅을 보며 걷는데 누군가 내 이름을 부른다. 며칠 전 함께 식사했던 순례자들이다. 내게, 그 길이 아니라고, 자기들을 따라오라고 손짓한다. 오늘 갈림길에서 잘못 들어서면 몇 시간을 더 걸어야 할 것이라고 여러 차례 들었음에도, 길 이름도, 방향도 흘려 들었다.

방향을 틀어 그들이 있는 쪽으로 걷는데, 거리가 점점 가까워지는데도 그들이 갈 길을 가지 않고 멈춰 서서 나를 기다린다.

이게 아닌데…

얼른 배낭 주머니에 넣어둔 휴대전화를 꺼내어 들고 풍경이랄 것도 없는 황량한 자동차 도로를 찍기 시작했다. 그렇게 몇 장을 찍고 고개를 돌리니 그 순례자들도 다시 걷기를 시작했다.

고독사 하고 싶지는 않으니 이 병을 고쳐야 하는데 왜 이럴까.

🍂

이틀 전 어느 바(bar)에서 통성명을 하고 대화를 나누었던 아일랜드 키다리 커플을, 밀밭 사이 어디에선가 다시 마주쳤다. 다행히 오늘은 무릎도, 발목도 통증이 없어 가볍게 걷고 있는데 여자 순례자의 눈썰미가 좋다. "오! 너 오늘 컨디션 정말 좋아보인다!"
홍콩에서 학창 시절을 보내 동양인 친구들이 많다는 그녀가 사진을 함께 찍자고 하는데 사진을 찍지 않는 내가 어쩐 일인지 흔쾌히 동의한다.

4시가 다 돼서야 알베르게에 도착하니 남은 침대가 없다. 마당이 예쁜 곳이라 꼭 묵고 싶은데 남은 침대가 없다. 아그네스 할머니와 끌로드 할아버지도 바닥에 매트리스를 깔고 자야 한단다. (우연히도, 두 번째 순례길에서 마주한 두 프랑스 할아버지의 이름이 모두 끌로드다) 알베르게 주인에게 택시를 불러줄 수 있는지 묻는데 옆에서 듣던 순례자들이 한마디씩 보탠다. 3km만 걸으면 되는데 왜 택시를 타냐고. 걸어가란다.
"아니야. 절대 더는 못 걸어. 3km는 커녕 300미터도 못 가."
지쳐 보였는지, 나이가 지긋한 어느 순례자가 귤 두 개를 건넨다.

택시를 기다리며 앉아 있는데, 알베르게 안쪽의 바(bar)에서 누군가 걸어나온다. '그 순례자' 다. 나를 기함하게 한 '그 순례자' 가 이곳에 묵는다.

하늘이 도왔다. 아빠가 또 도와준다.

모든 일에는 다 이유가 있다. 모든 일에는 이유가 있는 법이라고 믿는다. 그래야 편하다. 침대가 없던 것도, 모라티노스까지 더 가야하는 것도 다 이유가 있었다.

모라티노스에 도착했다. 오길 잘했다. 북적이지 않고 한적한데다, 무엇보다 풍경이 역시나 한 폭의 그림이다. 당장 영화를 찍어도 부족할 것이 없을 완벽한 배경이다. 샤워를 하고 빨래를 넌 후 맥주를 주문하고 실내 구석에 혼자 자리를 잡는다. 노란 밀밭 풍경을 만끽하는데 저녁을 주문하러 실내로 들어오는 누군가와 눈이 마주친다. 프로미스타에서 알게 된 미국인 여자 순례자다. 나를 보더니 밖으로 나가 함께 먹자 한다. "오늘은 그냥 혼자 먹을게."라고 웃으며 사양하는데 재차 권한다. 나는 사양하거나 거절하는 사람에게 결코 두 번을 권하지 않는데 순례길에는 '끈질긴' 순례자들이 많다. 결국 또 남은 맥주를 들고 따라 나간다.

20대 초반의 미국 순례자 벤, 60대의 미국 순례자 샐리와 이름이 기억나지 않는 나를 불러낸 순례자 이렇게 넷이 함께 저녁을 먹으며 주거니 받거니 수다를 떤다. 쓰러질 것 같다던 내 말이 무색하다. 어쩌면 당연하다. 무거운 배낭을 들쳐매고 수십킬로에 이르는 같은 길을 걸어낸 순례자들의 이야기 보따리가 마르는 것이 더 이상할지도 모르겠다.

이제 정말 순례길이 절반 밖에 남지 않았다. 후루룩 지나는 시간이, 길이 아까우니 사흘 코스를 닷새로 주우욱 늘려 걸어볼까. 지금 걷는 프랑스 길을 끝낸 후 포르투갈 해안길을 더 걸어볼까.

최대한 천천히 걷자.

이 순간들이 끝나지 않을 것처럼.

이 길이 오래도록 이어지도록 찬찬히 걸어 보자.

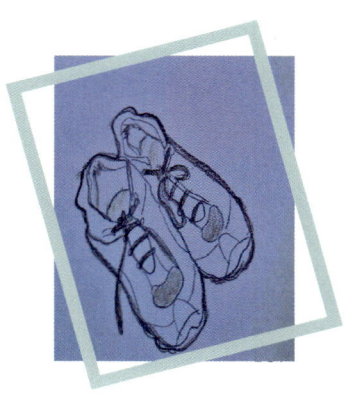

1052일

모라티노스 - 사하군 (19136 걸음: 2시간 50분)

사하군의 알베르게에 체크인했는데, 만나 뵈려 했던 신부님께서 하필 프랑스에 가셨고 토요일에나 돌아오신다고 한다. 며칠을 손꼽아 기다렸는데 아쉬움이 크다. 하지만 일정까지 바꿔가며 사하군에 머물게 된 이유가, 신부님과 마주치지 못한 이유가 있겠거니 생각한다. 일 년 열두 달의 많고 많은 날 중 하필 지금 프랑스에 가시는 바람에 만나지 못하게 된 이유가 있겠지.

침대를 배정받은 후 바(Bar)를 찾아 콜라 한 캔 마신다. 한참을 테이블에 앉아 이런저런 생각을 하는데 내 또래로 보이는 옆 테이블의 순례자가 무슨 생각을 그리 골똘히 하느냐며 말을 건다. 두 번을 불렀는데도 듣지를 못하더란다. 휴가를 길게 낼 수 없어, 순례길을 걷기 위해 아예 일을 그만두고 왔다는 이탈리아 순례자. 뭘 더 마시겠느냐 묻는다. 물 한 병도 그냥 받아 마시지 않는데 이번엔 사양하지 않고 생수 한 병을 얻어 마신다. 발 맞추어 걷는 연습은 당장 아침부터 실패했지만, 누군가의 호의를 그냥 받아보는 연습은 성공이다.

알베르게 숙소는 오붓하게 여자 순례자 넷이 함께 썼다. 프랑스 중년 순례자, 영국 중년 순례자, 20대의 이탈리아 순례자. 그리고 나. 네 명의 성인 여자가, 떨어지는 낙엽에도 배꼽이 빠져라 웃는 여고생들처럼 요란스레 웃다가, 또 누군가의 말에는 눈물을 뺀다. 대학생이라는 이탈리아 순례자는 암으로 투병 중인 엄마를 위해 걷고 있다 했고, 프랑스 중년의 순례자는 얼마 전 뱃속의 아이를 잃었다 했다.

누군가는 말을 하고, 누군가는 말을 하지 않을 뿐, 이 길을 걷는 많은 이들은 보이지 않는 각자의 모래주머니를 매단 채 걷고 있다.

1053일

어제 걷지 못했던 걸음수를 채워야 한다. 오늘은 무리를 해서라도 만실라까지 가려는데 이른 아침부터 태양의 기세가 심상찮다.

오전 11시 37분. 어느 마을의 초입에 있는 바(bar)에 들어가 신라면과 콜라 한 캔을 주문하고 야외 테이블에 앉는다. 더운 날씨 때문일까. 뜨겁고 매운 라면이 목구멍으로 넘어가질 않아 두어 젓가락 뜨고 말았는데 주인이 보더니 맛이 없느냐며 걱정스레 묻는다. 다시 걸을 엄두를 못 내고 앉아 있는데, 어제 사하군에서 만나 물을 얻어 마신, 하지만 여전히 이름도 모르는 그 이탈리아 순례자가 지나가다 나를 보고 자리에 앉는다. 하루에 10km씩만 걷고 있다 했고 오늘은 이곳에서 묵는다 한다. 함께 '셀피(selfie)'를 찍자기에 사진 찍는 것을 좋아하지 않는다며 거절한다. 그리고 일이분이나 지났을까.

아일랜드 키다리 커플이 걸어온다. 반갑게 웃으며 바로 옆으로 다가오더니, 지난번 길 위에서 셋이 함께 찍었던 사진을 왓츠앱(WhatsApp)으로 보내주겠다 말하고 주문을 하러 들어간다. 그들이 사라지자마자 앞에 앉은 이탈리아 순례자가 갑자기 소리를 지른다. "너 절대 사진 안찍는다고 했잖아!" 그러더니 카메라를 들고 일어나 옆으로 와 선다. 무조건 찍어야 한단다. 난감하면서도 웃음이 나는 상황이다. 거짓말 같은 타이밍이다. 사진 찍는 것을 싫어한다고 말한 직후, 하필 그 순간 그 곳에 나타나 다른 말도 아닌, 함께 찍은 셀카를 보내주겠다고 말하는 순례자들이라니. 적절한 핑곗거리가 떠오르지 않았고, 결국, 낯선 이탈리아 순례자의 카메라에 '귀한' 얼굴을 남겨버렸다.

잠시 앉아 이야기하다, 만실라까지 가야 하니 이제 출발해야한다며 일어서는데 그가 말한다. 이 날씨에 그렇게 걷다가는 큰일이 난다고. 그냥 웃으며 배낭을 들어올리는데, 안전을 기원하는 팔찌라면서 자신의 왼팔에 차고 있는 팔찌를 빼 건네준다. 낯선 이의 친절에 코끝이 시큰하지만 그의 이름은 알지 못한다.

내 이름은 말을 했던가. 그 순례자의 이름을 내가 묻기는 했던가.

🍃

휴대전화 전원이 꺼졌다. 아마도 4시가 다 되어갈 텐데 한낮보다 공기가 뜨겁다. 땅에서 뜨거운 공기가 끊임 없이 뿜어져 나온다. 물도 거의 남지 않았다. 사실, 애초에 물을 따로 챙기지도 않았다. 오늘도 다른 순례자들은 내가 모르는 어느 비밀통로로 걷고 있는 것인지, 길 위엔 나와 덩치 큰 스페인 순례자 한 명뿐이다. 어느 때는 내가, 또 어느 때는 그가 추월을 하는데, 서로 말이 통하지 않으니, 그저 옆을 지나칠 때 물병을 가리키며, "워터, 워터(마실 물이 있느냐, 혹은 물을 마시라는 뜻이겠지.)"라거나, 힘내라는 뜻의 제스처를 취해주는 것이 전부다. 180cm가 훌쩍 넘어 보이는 건장한 체격임에도 지친 기색이 역력하다.

🍃

작은 '유령 마을'을 지난다. 혼자였다면, 이름 모르는 작고 낯선 마을의 바(bar)에는 절대 들어가지 않았겠지만, 그 스페인 순례자가 들어가기에 따라 들어간다. 마을 할아버지들이 서넛 모여있다. 휴대전화를 충전할 수 있는 곳을 찾아 앉았는데, 그 순례자가 다가와 자신의 전화를 쑥 들이민다.

'이 마을에는 묵을 곳이 없어서 나는 다음 마을로 갈 거야.'라고 한글로 쓰여 있다. 나는 번역기를 쓸 줄 모르니 표정과 손짓으로 대신한다.
'그럼 나도 너를 따라 다음 마을로 갈거야.'라는 뜻으로 오른손으로 내 명치 쪽을 가볍게 서너 번 두드리며 동시에 고개를 위아래로 끄덕인다.

(글을 정리하는 지금에서야, 그 순례자에게 한국인이라는 말은 커녕 멀쩡한 문장으로 소통해보지 않았음을 깨닫는다. 누군가 농담처럼, '팔에 화상을 입은 한국 여자'라고 소문이 났다 했는데 설마 진짜였을까...)

둘 다 콜라를 한 잔씩 사서 마신 후 그가 먼저 출발했고 각자 출발한 지 5분 정도가 지나 다시 길에서 마주쳤다. 그렇게 또 말 없이 앞서거니 뒤서거니 하며 걷다 드디어 목적지인 레디고스 알베르게에 동시에 입장했다. 5시 10분이다. 누가 먼저랄 것도 없이 그와 나는 손바닥을 마주친다.

"하이 파이브!"

난생 처음 느껴보는 '전우애'다. 말 그대로 작은 전투를 함께 치른 전우. 먼저 체크인하라고 양보해 주기에 주인 할머니에게 여권을 건네주고 기다리는데, 과장을 좀 하자면, 알파벳 하나를 옮겨 적는데 10분이 걸리신다. 눈에서 물이 나온다. 금방이라도 주저앉을 것 같은데, 펜을 뺏아 들고 대신 적을까...

오늘 만실라까지 걸었다면 스페인 지역 신문에 이름을 올렸을지도 모른다.

'작은 동양인 순례자. 물병도 제대로 채우지 않은 채, 40도 폭염에 6시간이 넘도록 무모하게 걷다 그만 .....'

레디고스에서 멈춰야 했지만, 그래도 30.4km를 걸었다.

1054일

레디고스 - 레온 (45001걸음: 6시간 56분)
오늘도 길 위에는, 처음 보는 커플 순례자 한 쌍과, 역시 처음 보는 스페인 남자 순례자가 전부다.

대개 다른 순례자를 지나칠 때면 혹시나 말을 걸어올까 싶어, "부엔 까미노!"라고 인사하고 후다닥 지나친다. 어떤 순례자는 이런 내게, 이어폰을 끼면 말을 걸지 않는다는 고급정보를 주기도 했지만, 뒤에서 누군가, 무언가 다가오지는 않는지 수시로 고개를 돌려 살피고 경계하는 내가 이어폰을 끼고 순례길을 걷기는 어렵다.

지금 앞에서 걷는 이 순례자는 어제의 '전우'보다도 덩치가 크다. 발에 탈이 났는지 절뚝거리며 걷는다. 모른척 후다닥 옆으로 지나치는데 갑자기 내 입에서 예상치 못한 말이 나와 버린다.
"괜찮아?"
그리고 다음 순간, 첫 번째 까미노와 이번 까미노를 통틀어 다른 순례자에게 단 한 번도 해보지 않았던 '위험한' 말을 내뱉고 말았다.

"같이 걸어줄까?"

어떤 의도도 없었다. 개인적 취향에 들어맞는 '남성'이라든가, 함께 걸어도 위험하지 않을 만큼 선한 기운이 뿜어져 나온다든가, 그 외 다른 어떤 이유 같은 것은 없었다. 덩치가 산만한 순례자가 어울리지 않게 약한 모습으로 엉금엉금 걷기에 괜찮냐 물었을 뿐이고, 나도 모르게 다시 또 저 말이 불쑥 나왔을 뿐이다. 잠시 함께 걷다 각자의 길을 찾아 걸으면 되겠지 생각했다. 각자의 모국어가 아닌 영어로 소통하다 보니 몇번씩 하는 말을 되물어야 했지만, 그럼에도 쉬지 않고 얘기하다 레온에 함께 들어섰다. 스페인 어느 대학의 종교학과 교수라고 하는데 레온의 다음 마을에서 알베르게를 운영하는 친구에게 가 묵는다 했다.

언제부터였는지 모르지만, 그 순례자는 더 이상 절뚝거리지 않았다. 까미노의 마법이 그 순례자에게도 통했다. 드디어 나도 그 마법의 주문에 성공했다.

"같이 걸어줄까?"

1055일
레온
저녁을 먹으러 나가던 중 팔찌를 만들어주는 가게를 발견했다. 도윤이와 아그네스 할머니, 그리고 새롭게 마주치게 될 길 위의 인연들에게 줄 일곱개의 팔찌를 만들었다. 순례길을 걷다 보면 고마움을 표현하고 싶어지는 순간들이 생기는데, 한국에서 가져왔던 약과는 이미 떨어진 지 오래라 다른 적당한 것이 필요했는데 안성맞춤이다.

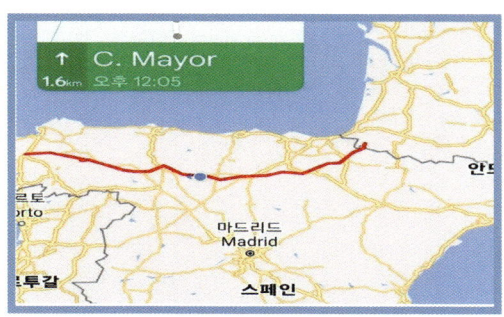

순례길의 중간지점 레온 도착

1056일

레온

점심을 먹으러 레온 성당 앞 광장으로 향하는 길. 누군가 내 이름을 크게 부른다. 돌아보니 팔찌를 빼 주었던 이탈리아 순례자다. 내 이름은 말을 했었나 보다. 그렇다면 설마 내 이름만 덜렁 알려주고, 그의 이름은 되묻지 않은 것일까. 다시 마주치지 못할 것이라 생각했기에 팔찌까지 빼 준 것일 텐데 반가우면서도 민망하다. 얼른 이름을 물었다. 마테오라고 한다.

길 위의 자유를 만끽하면서도 동행과 걷는 순례자들을 보고 있자면 한번씩 괜스레 스산했다. 뒷걸음질에 능하다 해서 외로움을 느끼지 못하는 것은 아닌지라 다양한 무리들 틈에서 한번씩 쓸쓸했다. 그랬기에, 걱정하며 팔찌를 빼 준 마테오가 고마웠기에 어제 만든 팔찌를 그에게도 하나 전해 주었다. 거리가 꽤 있던 그의 숙소 앞까지 가 팔찌를 전하니 이걸 주려고 여기까지 걸어왔느냐며 놀란다. 고마움에 내가 그 거리를 걸었던 것처럼 그 역시 다시 그 거리를 되걸어 숙소까지 함께 걸어준다.

저녁은 아그네스 할머니, 끌로드 할아버지와 함께 했다. 할머니에게 이름이 새겨진 팔찌를 드리는데 무척 좋아하시며 그 자리에서 바로 휴대전화에 묶어 다신다. 옆에서 가만히 미소만 짓는 할아버지를 보니 후회가 된다. 할아버지 것도 만들 걸 그랬다. 식사가 끝나갈 때쯤, 화장실에 간다며 식당 안으로 들어가 계산을 마쳤다. 뭔가 해드리고 싶었다. 맛있는 밥을 사드리고 싶었다. 우리 중 누구 하나 슬픈 얘기는 입에 담지 않았다. 유쾌한 이야기들로만 배를 채웠다.

순례자들은 언제 어느 길에서 헤어지고 다시 만나게 될 지 알 수 없다. 다시 만나지 못할지도 모른다. 할머니, 할아버지는 하루도 쉬지 않고 매일 걷고 계시니 아마도 마지막이 아닐까.

1057일

레온-산마르틴 델 까미노

레온을 빠져나오던 길. 통화를 하다 엄마가 말한다.
"안 좋은 기억들, 아픈 기억이나 슬픈 기억은 순례길에 모두 두고 와."
좋은 생각이다. 그렇게 해보자. 하나씩 꺼내, 햇살 좋고 바람 좋은 풍경 좋은 곳곳에 남기고 버리고 가자. 끝내 버려지지 않을 축축한 슬픔이라도 따사로운 별 한번 쪼여주자. 바람 한 줄기 쐬어주자. 잘 말리고 가 보자.

사하군에서 만났던 스물 둘의 이탈리아 순례자는, 레온을 빠져나가는 길이 산업지구라 지루할 것이라며, 아스토르가까지 버스를 타고 이동한다 했다. 잠시 흔들렸지만, 유혹을 이기고 두 발로 걷기 시작한다.

첫 번째 까미노에서는 짧은 일정 탓에, '철의 십자가'를 우선순위로 두고 나머지 경로는 버스를 타고 이동했었다. 버스가 없는 마을에서는 거금을 지불하고 택시를 이용하기도 했다. 택시와 버스 안에 들어 앉아 도보 순례자들을 보며 아쉬움과 부러움에 몸부림쳐 보았기에, 이번 까미노는 위급한 상황이 아니라면 도보 순례가 철칙이다.

레온을 벗어난 지 두 시간. 오늘은 앞뒤로 순례자들이 가득하다. 앞에 한 가족이 걸어간다. 아빠. 엄마. 형. 남동생. 형과 동생이 터울이 좀 나 보이는데 동생 옆에 서서 걷는 형이 꽤 듬직하다. 보기 좋은 광경인데 괜시리 서러워진다.

'나는 생명 하나도 만들어내지 못했구나...'

저들은, 인생의 어느 지점에서 나보다 어느 만큼이나 더 '현명'한 선택들을 한 것일까. 나는 어떤 '어리석은' 선택들을 했기에 나의 눈, 코, 입을 닮았을 생명체 하나 만들어 내지 못했을까. 설움이 비집고 올라온다. 슬럼프가 온 것일까. '그 순례자'를 다시 마주치고 메시지를 받은 후 걷고자 하는 의욕이 또 사라졌다. 혼자 걷는 적지 않은 여자 순례자들이 비슷한 경험을 했거나 하고 있음을 알고 나니 이 길에 대한 환상이 사라진다. 내가 누리던 자유는 신기루였을까. '그 날 거기에 있었으니 오늘은 이 마을로 가겠지. 그럼 나는 조금 덜, 혹은 조금 더 걸어야지...' 반갑게 맞아주고 웃어주는 순례자들의 '저의'도 의심하게 된다. 자꾸 움츠러든다. 살다 보면 온갖 희비극을 겪는 법이니, 이 정도는 초연히 넘기고 걸어내면 좋겠지만 쉽지 않다. 사람을 믿지 못하는 불치병을 고쳐보고자 했는데 열 발짝은 더 뒤로 물러나 버린다.

목적지였던 빌라당고스 알베르게에 또 남은 자리가 없어 결국 더 걸어 산 마르틴 델 까미노에 도착했다. 미리 숙소를 예약하는 대부분의 순례자들과 달리 걸을 수 있는 마을까지 무작정 걸어 숙소를 정하다 보니 가끔 이런 일이 생긴다. 다행히, 빌라당고스에서 묵었더라면 하루 종일 아스팔트가 깔린 자동차 도로만 걷다 끝날 뻔했던 오늘의 길은, 산 마르틴 델 까미노에 가까워지면서 다시 그림 같아졌다. 이곳까지 오지 않았다면, 예쁜 시내와 울창한 숲을 보지 못할 뻔했다.

모든 것이 다 좋기만 한 날은, 다 나쁘기만 한 날은 없다. 모든 것이 다 좋은 것은, 모든 것이 다 나쁜 것은 없다. 좋기만 한 것도, 나쁘기만 한 것도 없다.

런던에서, 경비를 조금이라도 줄이기 위해 숙소를 여러 차례 옮겨 다녔지만, 모든 것이 마음에 들었던 숙소는 한 곳도 없었다. 깨끗한 새 방에 첫 주인으로 들어갔지만 샤워부스가 너무 작아 샤워할 때마다 팔이 벽에 닿던 숙소. 안전하지만 방에 들어갈 때마다 하수구 냄새가 진동하던 지하의 숙소.

얼핏 모든 것이 완벽해 보였지만 하루도 거르지 않고 무서울 정도로 싸워대던 윗방의 남자와 여자가 있던 숙소.

그러니 불평하지 말자. 어떤 선택을 하든, 어떤 길을 택하든 불만을 가져봐야 몸만, 마음만 고달프다. 누군가로 인해 내 까미노의 행복이 무너졌다고 불평하지 말자. '그 순례자'를 만나지 않았다면, 나는 자주 웃었을 것이고, 친절했을 것이고, 그로 인해 더 위험한 상황에 처했을지도 모른다.

그러니 그가 던진 시큼쌉싸름한 레몬으로 달콤한 케익을 구워버리자.

1058일
산 마르틴 델 까미노 - 아스토르가 (45777 걸음: 7시간 15분)
달이 떠 있는 새벽의 순례길을 걸어보고 싶어 용기를 냈지만 어림도 없다. 알베르게 앞에서 차마 발을 떼지 못하고 다른 순례자가 나오기만 기다린다. 남자 순례자가 한 명 나온다. 뒤를 따라간다. 3, 4분쯤 걸었을까. 숲길이 시작된다. 심장이 두근거린다. 몇 걸음 더 가다 포기하고 다시 알베르게로 돌아온다. 모녀 순례자를 따라 나갔어야 했다. 아까와 같은 자리에 서서 다른 순례자를 또 기다린다. 조금 있으니 마지막 남은 순례자가 나온다.

둘 사이의 거리가 1미터가 넘지 않게 남자 순례자의 뒤를 바짝 따라붙어 걷기 시작한다. 미안하면서도 우스웠다. 내 모양새가. "안녕!"이라는 짧은 인사도 한마디 건네지 않은 채, 아빠를 놓치지 않으려고 졸졸 따라 걷는 어린아이처럼 그렇게 따라 걷는다. 새벽길도 무섭지만, 낯선 순례자도 무서우니 도리가 없다.

그렇게 걷다 왼편 하늘에 느지막이 남아 떠 있는 달이 예뻐 사진 몇 장과 동영상을 서둘러 찍는다. 휴대전화를 주머니에 넣고 다시 걸으려는데, 남자 순례자가 처음으로 뒤를 돌아본다. 발자국 소리가 멀어지니 잘 따라오는지 확인하는 것 같다. 따라는 걷고 있지만 경계하고 있음을 아는 것 같다. 바

(bar)가 보이면 커피와 크로와상을 대접해야겠다 생각하다가 그 마음도 이내 접는다.

여전히 한 마디도 건네지 않은 채 뻔뻔하게 바싹 붙어 걷는다. 걸음을 보니 다리가 불편한 순례자인 듯 하다. 날이 밝아온다. 차츰 그와의 거리도 벌어진다. 앞서 걷던 그가 벤치에 배낭을 내려놓고 길의 왼편으로 걸어가더니 뜨는 해를 찍기 시작한다. 지금이다. 그가 다시 벤치로 돌아오기 전 얼른 내 배낭의 옆 주머니에서 재빠르게 사과를 하나 꺼내 그의 배낭 위에 올려 두고 다시 걷는다. 고맙다는 말도 쪽지도 남기지 않았다.

호스피탈 데 오르비고를 지나니 순례자가 많다. 붉은 해가 등 뒤 오른편으로 떠오른다. 멈춰 서서 사진을 찍는다. 앞서 걷던 순례자들도 해를 찍느라 걸음을 멈춘다. 다시 돌아서서 걷기 시작했는데 뒤에서 빠른 걸음으로 저벅저벅 걸어오는 순례자의 발자국 소리가 들린다. 느닷없는 승부욕이 또 발동한다. 추월당하지 않으려고 '티 나지 않게' 속도를 올려 본다. 어림도 없다. 따라잡힐 것 같다. 발자국 소리가 빠르게 가까워진다. 혹시라도 말을 걸까 싶어 사진을 찍는 척 하며 휴대전화를 꺼내 드는데, 추월하던 그 순례자가 말한다.

"사과 고마워!(Thank you for the apple!)"

그 순례자다. 인사를 되돌려 줄 틈도 없이 후다닥 지나가 버린다.
순례자의 다리는 멀쩡했다. 1시간 30분을 내 속도에 맞춰 천천히 걸어준 것이었다. 190cm는 족히 돼 보이는데 긴다리로 오래도 참아 주었다.

오늘 같은 알베르게에 묵게 된다면 고맙다고 인사를 해야지.
미안했다는 말도 함께.

자려고 누웠는데, 오늘 '철의 십자가'에 도착한다 했던 아그네스 할머니에게서 메시지가 들어온다. 사진 한 장과 함께.

사진을 보고 잠시 또 멍해진다.

두 아들이 아빠와 엄마를 각각 빼닮았다. 오늘이 큰 아들의 10주기라고 하신다. 늦지 않고 그곳에 도착하기 위해 쉬지 않고 걸으셨나보다.

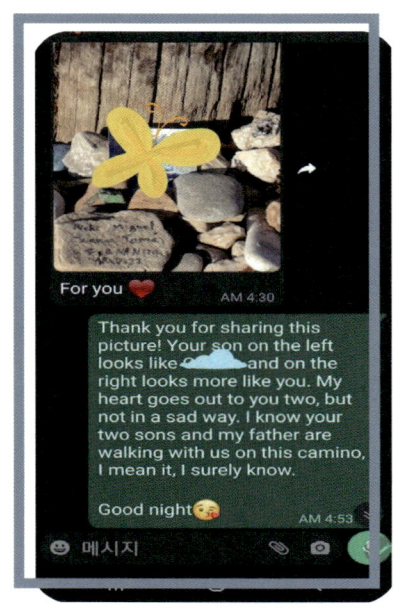

1059일
아스토르가 - 라바날 (9164 걸음: 1시간 39분)

눈을 뜨니 메시지가 들어와 있다.
그 친구다.
노란 꽃.

배시시…

아킬레스건이 화끈거리고 콧물이 주르륵 흐른다. 내일 '철의 십자가'까지 걸으려면 무리하지 않는 것이 좋을 것 같아 결국 택시를 불렀다. 택시를 기다리며 한국인 순례자들의 블로그를 읽고 있는데 다들 '철의 십자가'까지의 구간이 '마의 구간'이라고 입을 모은다. 첫 까미노에서는 철의 십자가가 유일한 목적이었기에 힘든 것을 몰랐을까. 아니면 느닷없이 나타난 백구 덕분이었을까. 이래저래 긴장한 탓에 힘든 것을 느끼지 못했던 것인가 싶다.

귓가를 스치고 가는 바람에 올라타고

뒤로 뒤로 뒤로 가다 보면 그날에 닿을 수 있을까

저 바람을 거슬러 가다 보면

네가 처음 담겼던 그날에 가 멈출 수 있을까

바람을 타고 뒤로 뒤로 뒤로 가다 보면

그날 그 길 위에 다시 가 닿을 수 있을까

바람이 지나간다

바람을 타고 멀어져 간다

1060일

라바날 - 엘 아세보 (32519 걸음: 5시간 21분)

어느 날은 산맥을, 어느 날은 끝나지 않을 것 같은 오르막을, 또 어느 날은 무엇이 튀어나올지 모르는 으슥한 숲길을 걷는다. 매일 다섯 시간, 많은 날은 아홉 시간까지 걸으며 발바닥, 발목, 아킬레스건, 어깨, 허리까지 멀쩡한 곳이 없지만 기꺼이 걷는다. 구석구석 탈이 난 몸으로 매일 콧노래를 흥얼거리며 걷는다. 신통한 일이다.

이토록 매사 마음이 먼저라면, 모든 일이 마음 먹기에 달린 것이라면 결혼을 앞둔 신랑 신부의 주례사에 '인생은 고통과 고난의 가시밭길'이라는 문구를 삽입해야 하지 않을까. 고운 예복 대신 검정 상복을 입고 장송곡도 틀게 하자면 지나친 비약일까. 서당개 3년이면 풍월을 읊는다 했으니, 스물이 되는 순간부터, '인생은 고해'라고 귀가 닳도록 주입하면 어떨까. 살아내는 일은 어쩌면 가시덤불을 밟고 올라 버티는 것이라고 알려주어야 하지 않을까.

그리 살다, 꽃이 자주 피어주면 다행, 가시에 자주 찔리면, '모름지기 인생은 고해라 했으니..'라며 그저 묵묵히 걸을 수 있게 미리 자주 읊어줘야 하지 않을까.

1061일

엘 아세보 - 폰페라다 (40430 걸음: 6시간 10분)

순례길 산불이 말썽이다. 숙소까지 번지진 않을까 노심초사하며 함께 방을 쓴 독일인 순례자 캐롤리나. 그녀가 묻는다. "같이 걸을래?"
걸음이 빠른 캐롤리나에게 맞춰 걸으며 이야기하다보니 9시도 되지 않았는데 몰리나세카에 도착했다. 나는 아침을 먹고 가겠다며 멈추었고, 캐롤리나는 쉬지 않고 걸어간다.

낯선 이에게 속내를 풀어놓는 것은, 단단하게 뭉치고 굳은 응어리를 어느 만큼 녹여준다. 인연의 실타래가 진득하게 얽혀 있지 않은 낯선 이들간의 담백한 고백과 청취는, 보따리를 건네는 이와 그 보따리를 받아드는 이 모두를 치유한다. 전문가보다 영험하다. 바라건대 나만큼이나 캐롤리나의 속도 풀어졌기를.

엄마에게도 이런 기회가 주어졌으면 싶다.

폰페라다 시내에서 길을 잃고 한 시간째 뱅뱅 돌고 있다. 선크림을 사려고 들어왔다 길을 잃었는데, 아킬레스건 통증으로 마치 바지에 똥을 싼 듯 걸으며 같은 자리로 돌아오고 돌아오는 것을 반복하고 있다. 우스운 건, 이렇게 모양 빠지게 걸어 다니면서도 콧노래를 흥얼거린다는 것.

정신이 나간 것일까.
걷다가 정신이 나간 동양인 순례자로 보일까.

여기 이곳 순례길에서, 나는 분명 행복한 것 같다.

1062일
폰페라다 - 카카벨로스 (36998 걸음: 5시간 40분)
이번 까미노에서 신기한 '타이밍'이 몇 번 있었는데 오늘이 세 번째다.
오늘 묵는 알베르게는 2인 1실인데, 처음 보는 타인과 공유하기에는 민망하리만치 작은 공간이다. 작은 방에 1인용 침대 두 개가 전부인데, 룸메이트는 70대의 헝가리 할머니. 나는 헝가리 말을, 할머니는 영어를 못하시니 대화가 되지 않는다. 샤워를 한 후 한 시간 정도 눈을 붙였다 일어났는데 할머니가 내가 깨기를 기다리기라도 한 듯 말을 거신다. 정확히는, 말을 건다기 보다는 어떤 제스처를 취하며 휴대폰 속 사진을 한 장 보여주신다.

내 사진이다. 어제 폰페라다 성당 알베르게의 벤치에 앉아, 역시 순례길을 걷고 계시는 프랑스인 신부님과 오랫동안 이야기를 했는데 그 모습이 예뻐 사진을 찍으셨단다. 신부님과 얘기하던 중, 어느 젊은 헝가리 순례자가 다가와 신부님과 내게 초콜릿을 하나씩 주며 인사를 하기도 했었다.

사진찍는 것을, 사진찍히는 것을 워낙 싫어하기에 누군가 말도 없이 이런 사진을 찍었다면 불쾌한 마음이 들어야 할 텐데 웬걸. 사진을 보는 순간 작은 감탄사가 내 입에서 흘러나온다. 두 손과 표정으로 사진이 무척 마음에 든다는 표를 한껏 낸다. 이메일로 사진을 보내달라는 의미로, "이메일, 이메일!"이라고 해도 알아듣지 못하신다. 할머니도 답답하신지 헝가리어로 뭔가를 말씀하시는데 내가 알아들을 리 없다. 바로 그 때, 누군가 노크를 한다. 어제 초콜릿을 줬던 그 헝가리 순례자. 알베르게 사무실에서, 영어를 전혀 하지 못하는 헝가리 할머니가 있다는 말을 듣고 찾아온 거라 했다. 서로의 언어를 전혀 이해하지 못하는 두 순례자가 답답함에 가슴치는 순간에 맞춰 구원자가 등장했다.

셋이 함께 바깥의 테이블로 자리를 옮겨 대화를 이어간다. 할머니는 열네 살 때부터 돈을 벌기 시작해 쉬지 않고 일하시다 12년 전에야 퇴직하셨다고 했다. 그 후에는 손자 손녀들을 돌보셨고 그들이 할머니의 손길이 필요하지 않을 만큼 커버린 후에는 그림을 배우기 시작하셔서 이제는 작게 전시회도 하신다고 했다. 아무에게도 말하지 않고 몰래 순례길을 걸을 준비를 하셨고, 순례길의 이틀째 되는 날에야 손녀에게 전화해 알리셨다고 한다. 옆에 함께 앉아 우리의 이야기를 들으며 수박을 썰어 나누어 준 맘씨 좋은 프랑스 순례자가 묻는다.

"혼자 걷는 거 힘들지 않으세요?"

할머니가 대답하신다.
"전혀요, 조금도 힘들지 않아요."

후다닥 방으로 들어가 배낭에서 팔찌를 꺼내 왔다.
'부엔 까미노(Buen Camino: 좋은 길 되세요)'와, '블레스 유(블레스 유: 당신에게 축복을)'중, 할머니께는 '부엔 까미노' 가 새겨진 팔찌를 드렸다.
사진에 대한 보답이라 하니 좋아하신다.

1063일

카카벨로스 - 베가 데 발카세 (46769 걸음: 7시간 38분)

두 시간 넘게 〈모닥불〉을 부르며 걷고 있다. 한 번씩 들리는 개 짖는 소리에 또 잔뜩 긴장하지만 바람이 좋은 날이다. 조용한 도로에서 스틱으로 박자를 맞추며 홀로 걷는다.

인생은 연기 속에 재를 남기고
말 없이 사라지는 모닥불 같은 것.
타다가 꺼지는 그 순간까지
우리들의 이야기는 끝이 없어라.

비아프랑카에서 다음 마을로 걷고 있다. 이 구간이 찻길이라 별로라는 말을 들었는데 나는 이 길도 무척 마음에 드니 어찌할까. 누군가는 메세타가 지루해서 건너뛰었다 하고, 또 다른 누군가는 사리아부터는 넘쳐나는 관광객으로 순례길 분위기가 나지 않아 건너 뛴다고들 하는데, 나는 메세타도 좋았고, 4월의 사리아 구간도 좋았다.

순례길의 해와 바람과 나무 모두가 좋았다.
까미노의 모든 구간이 그냥 그대로 다 좋았다.

1064일

베가 델 발카세 - 트리아카스테아 (9923 걸음: 1시간 45분)

내일의 '전투식량'을 준비하기 위해 마트에 갔다가 조셉 신부님을 마주쳤다.
"미사에 참석해서 '축복'을 받고 싶은데 가톨릭 신자가 아니라 좀 어색하네요."
"괜찮아요. 그럼 여기서 축복해 줄게요."
사양할 새도 없이 마을 사람들과 순례자들이 드나드는 마트 입구에서 갑자기 축복을 해주신다. 보는 사람이 많은데, 기도하는 법도 모르는 나는 손을 어찌해야 할지도 몰라 민망하고 부끄럽다. 이런 사태가 일어날 줄 알았다면 그냥 조용히 성당으로 갔을 텐데...

오늘 아침, 베가 데 발카세에서 거금 55유로를 들여 택시를 타고 트리아카스테아에 도착했다. 25유로로 알고 탔던 택시인데 두 배가 넘는 금액이 지출됐다. 바가지를 쓴 것일지도 모르지만 생각하지 않기로 한다. 지금의 아킬레스건 상태로 오늘의 오르막 구간을 걸었다면 아마도 내일은 산티아고 데 콤포스텔라까지 쭉 택시로 가야 했을지도 모르니 아까워하지 않기로 한다. 피레네 이후 가장 예뻤던 풍경을 택시 뒷좌석에서 편안히 즐겼다.

저녁으로는 '메뉴델디아'라는 고단백 식단을 골랐다. 누군가의 말에 따르면 "새 모이 만큼 먹는다."는 나는 이곳 순례길에서는 거의 항상 접시 위의 것들을 남기지 않고 먹어 치운다. 하루 두세 캔의 콜라는 필수다. 알러지 약까지 챙겨왔건만 한 알도 먹지 않았다. 가리지 않고 이것저것 먹고 있지만 가렵거나 발진이 올라오기는커녕 구릿빛으로 변한 피부에 윤기가 차르르 돈다. 새까매진 피부가 무척이나 마음에 든다.

한국인이 많이 묵는다는 레온의 어느 알베르게 주인장은 나를 보며 말했었다.
"너 한국 사람 맞아?"
"응, 맞아."

"그렇지만 너무 까맣잖아!"

로또에 당첨되면 순례길 위의 어느 도시에든 작은 집을 한 채 사야겠다.

1065일

트리아카스테아 - 사리아 (39775 걸음: 6시간 35분)

걷기 시작한 직후부터 왼쪽 아킬레스 통증이 심해 두 시간을 또 바지에 똥을 싼 듯 걸었다. 보는 순례자마다 괜찮냐 묻는다. 막내딸과 함께 걷는 독일 순례자 크리스는 연고를, 길에서 처음 마주친 영국인 부부 순례자는 새 깔창을 건네준다. 순례자들의 배낭이 얼마나 무거운지 알기에, 그 배낭을 내려놓는 것이 얼마나 번거로운지를 알기에, 괜찮다고, "절대 배낭 내려놓지 마!"라고 극구 사양했지만, 결국 연고도, 새 깔창 한쌍도 내 손 위에 떡하니 놓였다.

놀랍게도, 깔창을 깔고 걷자마자 즉각적인 효과가 나타난다. '똥싼바지'를 입고 걷던 것이 믿기지 않을 만큼 곧바로 속도를 내기 시작했고, 괜찮냐 물으며 나를 지나쳤던 순례자 거의 모두를 따라잡았다. 깔창을 준 영국인 부부도 따라잡았는데, 멀쩡한 걸음으로 빠르게 걷는 나를 보며 그들이 웃는다. 여든은 거뜬히 넘어 보이는 혼자 걷던 미국 할머니는, 괜찮냐 묻기만 하고, 구급차라도 불러주지 않은 것이 걷는 내내 마음에 걸렸다며 고해성사하듯 진지하게 '사과'하신다.

1066일

사리아 - 포르토마린 (39389 걸음: 6시간 5분)

사리아에서 출발하는데, 짐작했던 것보다 순례자들이 많다. 대부분 단체 순례자들이다. 순례길의 분위기가 한순간에 달라지긴 했지만 이것저것 따질 처지가 아니다. 이제 닷새 뒤면 찬란했던 길이 끝이 나는 마당에 다른 순례자들이 발로 걷는지 입으로 걷는지는 안중에 없다. 그저 나의 까미노를 '한 땀 한 땀' 걸어내는 데 집중하면 될 일이다.

수학여행으로 순례길을 걷던 스페인 고등학생들이, 마을에 들어설 때마다 개들을 '처리'해 준 덕에 겁먹지 않고 편히 걸었던 첫 까미노의 사리아 구간. 이번에도 앞뒤로 사람들이 북적거리니 개 때문에 노심초사하며 걷지 않아도 되어 좋다. 개 때문에 털이 쭈뼛 서는 것보다는 귀가 좀 고달픈 편이 낫다.

한바탕 순례자들 무리가 지나가고 이제 길 위는 다시 고요하다. 어제 런던 커플에게 깔창을 받은 후 거짓말처럼 멀쩡해졌던 발이 한 시간 전부터 또 말썽이다. 간간이 순례자들이 지나가기에 최대한 멀쩡하게 걸어보려 애쓴다. 하지만 순례자가 보이지 않을 때면, 아킬레스건이 늘어나지 않도록, 양발의 오른쪽 측면이 앞을 향하도록 한 후 도로의 한 쪽 끝에서 다른 쪽 끝으로 넓은 지그재그를 그리며 오르막을 오르고 있다. 그런데 어디선가 웃음 소리가 들린다. 누군가 웃는다. 돌아보니 십대 후반, 많아야 이십대 초반으로 보이는 어린 남자 순례자다. 내게 어디가 아픈지 묻는다. 아킬레스건이라고 답하니 아킬레스건 염증 밴드가 있다며 역시나 배낭을 내려놓으려 한다. 이번엔 굳이 말리지 않는다. 괜찮다고 해도 배낭을 내려놓을 것을 알고 있으니 미안함이나 부담스러운 마음은 잠시 제쳐둔다. 그저, 고맙다고 말한 후 한마디를 짧게 살짝 덧붙인다.

"고마워, 어떤 밴드인지만 보여줘. 다음 마을에 도착하면 약국에 가서 사서 붙일 테니 어떤 종류인지만 알려줘."

또 하나마나 한 말을 했다. 내 말을 듣지 못한 것인지 그 순례자는 내 손에 밴드를 떡하니 놓아준다. 여간해선 절대 배낭을 내려놓지 않는 나도 어쩔 수 없이 배낭을 내려놓으며 말한다.

"고마워, 잠깐 기다려 봐. 귤을 줄게."

순례자가 대답한다.

"You don't need to trade off."

...

내가 지금 어느 영화의 대사 한 줄을 들은 것일까...

아직 솜털이 보송한 젊은 순례자는 이 한마디를 남기고 뒤도 돌아보지 않고 쿨하게 갈 길을 간다. '받은 것을 똑같이 그대로 갚으려 하지 않아도 돼.' 정도로 이해하면 무리 없을 이 말.

첫 까미노에서처럼 이번 까미노에서도 이런 순례자를 또 만났다. 망치로 한 대 맞은 듯한 한마디를 남기는 어린 순례자들을 보면 궁금해진다. 어느 소설이나 영화에서 보고 들어 단단히 외워둔 말일까. 그저 자연스레 불쑥 나온 말이라면 내가 한참 초라해진다. 그들보다 족히 이십년은 더 숨을 쉰 내가 한없이 작아지는 말이다.

포르토마린에 도착한 후 한 식당의 야외 테이블에 앉아 점심을 먹는데 한국인 남자 순례자가 식사할 자리가 없다며 합석을 해도 되는지 묻는다. 인생을 통틀어 가장 깊은 마음으로 미워했던 누군가의 형, 혹은 동생이라 해도 믿을 만큼 빼닮은 순례자가 내 앞에 섰다. 부처님인지, 하느님인지, 아빠인지, 그도 아니면 보이지 않는 다른 누구라도, '이제 그만 마음을 풀어라. 너를 위해. 너 자신을 위해.' 라며 보내주신 건가. 닮은 이 사람을 보고, 이야기 하고, 좋은 구석을 발견하고, 그렇게 다 녹이고 풀라는 뜻으로 보내신 건가...

나는, 아빠를 보낸 후에야 알게 됐다. 미움이나 증오는, 사랑하는 이를 다른 세상으로 보낸 후 품어지는 그 마음에 감히 비할 수도 없이 하찮은 것임을. 실상 아무것도 아님을. 마음의 어느 한 구석을 내어줄 가치가 없는 무용한 것임을 아빠를 보낸 후에야 알게 됐다.

식사를 마친 후 먼저 알베르게로 돌아와 한 시간 정도 낮잠을 자고 일어났다. 빨래를 하려고 동전을 세는데 그 순간, 밥값을 계산하지 않고 그냥 나온 것이 퍼뜩 떠오른다. 식당으로 부리나케 달려가 정말 미안하다고 말한 후 계산을 하려는데 친구가 대신 계산했다 한다. 번호를 모르니 연락할 방법이 없다. 한국인 순례자들이 교류하는 단체 대화방에 글을 남기니 다행히 금방 연락이 온다. 공원에 있다는 그 순례자에게 가 음식값을 건네 주는데 받지 않으려 한다. 다음에 콜라 한 캔 사주면 된다는 그 순례자에게 '기어이' 식사 비용을 갚고 돌아서는데 내가 또 '의도치 않게' 누군가의 호의를 싹둑 잘라 버린 것은 아닌지 잠시 걱정이 스친다.

(고백하자면, '의도치 않게'라는 말은 정확하지 않을지도..)

다시 식당으로 혼자 돌아와 체리를 안주 삼아 상그리아를 마신다. 이 순간의 평화로움을 어떻게 표현해야 더함도 덜함도 없을까. 지금의 이 마음을, 이런 평화를 살면서 몇 번이나 누릴 수 있을까. 아마도 이런 순간을 자주 누릴 만한 용감한 선택은 못하지 않을까. '기적'을 경험한 첫 번째 순례길 이후에도 한국에 돌아가서의 삶이 조금도 변하지 않았던 것처럼, 아마도 용감한 선택 따위는 못하지 않을까.

이제 정말 몇 날이 남지 않았다. 이 길이 끝나면 아일랜드의 더블린이나 포르투갈의 포르투로 떠나 일주일 정도 머물 생각인데 어느 곳으로 갈 지 정하지 못했다. 아타푸에르타의 알베르게에서 만났던 아일랜드 순례자는, 더블린의 물가가 꽤 비싸다 했는데 그렇다면 포르투로 가야 할까. 당장 나흘 후면 길이 끝나는데, 어떤 계획도 없다. 목적지도, 숙소도, 항공편도 아무 준비도 되어 있지 않다.

1067일
포르토마린 - 팔라스 데 레이 (21557 걸음: 3시간 23분)
넘치는 순례자들 덕에 구글 지도나 노란 화살표를 굳이 확인할 필요가 없다. 다른 순례자들을 따라 걷기만 하면 어느 순간 한 마을에 닿고 또 다음 마을에 닿는다. 이리 편할 수가 없다. 스페인 단체 순례자들이 대부분이니 말을 걸진 않을까 걱정할 필요도 없다.

끝이 보이는 까미노가 아쉬워, 길목의 거의 모든 바(bar)에 들어가 쉬면서 걸었다. 도착하기까지 모두 네 곳의 바에 들어갔고, 네 잔의 음료를 주문했다. 자릿세인 셈이다. 네 번째 바에 들어가는데, 미국인 순례자 샐리와 샐리의 친구가 보인다. 모라티노스 알베르게에서 함께 저녁을 먹은 후 2주 넘게 보지 못해 다시 만나지 못하겠구나 싶었는데 마주치니 반갑다. 배낭을 내려놓고 앉자마자 샐리의 친구가 휴대폰 속 누군가의 사진을 보여주며 말한다.

"오늘 정말 친절한 체코 순례자를 만났어. 열아홉인데 정말이지 천사 같아."

사진 속 얼굴이 낯이 익다. 어제 아킬레스 밴드를 건네 준 그 순례자 같다. 내가 말한다.

"확실하진 않은데, 어제 내게 밴드를 준 순례자와 닮은 것 같아."

내가 말을 막 마친 그때, 오른쪽 입구쪽으로 순례자 하나가 지나가다 우리쪽으로 고개를 돌리더니 저벅저벅 걸어 들어온다.

그 순례자다. 그 어린 '천사' 순례자다.

나를 보더니 다리는 괜찮냐고 묻는다. 괜찮다고 대답함과 동시에 재빠르게 배낭 오른쪽 주머니에서 귤을 하나 꺼내 건네주었다. 다행히 이번엔 사양하지 않는다. 고맙다고 말한 후, 아침에 늦게 출발해 빨리 걸어야 한다며 우리에게 인사하고 곧 다시 걸어 나간다.

한걸음 한걸음 보폭을 줄이면 아쉬움이 덜어질까요.
줄다리기하듯 한껏 줄을 뒤로 당기면
도착점에서 멀어질까요.

이제 고작 사흘뿐입니다.

해 바람 나무
그 길 위의 모든 것들을
기억 봉투에 꼭꼭 눌러 담아봅니다.
꺼내 먹을 때면 배시시 웃음이 나도록
가지런히 소복히 잘 담아봅니다.

언제든 그 봉투를 열어볼 때
이 길 위에 있지 않아 슬퍼지지 않았으면 좋겠습니다.

1068일

팔라스 데 레이 - 아르주아 (46276 걸음: 7시간 19분)

사람의 마음은 변덕스럽다. 아침을 먹고 걷기 시작하는데 정말이지 순례자들이 지.나.치.게. 많다. 스페인어가 물리기 시작한다. 생장에서 같이 출발했던 '오리지널(original)' 순례자들은, 나의 조용한 '동지'들은 다 어디로 갔을까.

며칠 전, 엄마가 한 말. 안 좋은 생각들, 안 좋은 기억들, 슬픈 것들은 모두 순례길에 놓고 오라는 그 말. 불가능했다.

기억들은, 어딘가에 두고 버리고 올 수 있는 것이 아니었다. 떼어 두고 올 수 있는 것들이 아니었다. 해와 바람에 잘 말렸다 싶다가도, 어딘가에 잘 버리고 묻었다 싶다가도, 어느 숨결에든 잠결에든 따라 붙는 것들이었다. 걸음걸음마다, 생각생각마다 들어오고 나가고를 반복하는 것들이었다. 기억이라는 것은, 버리는 것이 아니라 품는 것이었다. 품고 가는 것이었다.

그렇지만, 분명 희미해지고 있다. 콧노래를 흥얼거리는 순간들의 틈새로 여전히 아빠가 비집고 들어오지만, 선명하던 아빠의 웃음소리가 흐트러지고 있다. 평생 귓가에 쟁쟁할 것 같던 아빠의 웃음이 바람결에 조금씩 날아간다.

3년의 시간이, 그 시간의 길 위에서 내가 마주했던 모든 것들이 아빠에게 천천히 작별을 고하고 있다.

돌을 쌓아 올리는 스페인의 고등학생들. 무슨 소원을 비는 걸까.

1069일

내일이면 끝이 난다. 꿈 같던 37일의 여정이. 인생도 언제 어디서 멈출지 알 수 있다면 좋을 텐데.

오늘은 어딘가에서 마주친 스웨덴 여자 순례자와 함께 걸었다. 절뚝거리며, '똥싼바지'를 입고 열심히 걷는데, 백미터쯤 앞에 '똥싼바지'를 입고 걷는 다른 순례자가 보였다. 서로를 보고 웃음을 터뜨린 우리는 알베르게까지 쭉 함께 걸었다.

"아무리 아파도 반드시, 반드시, 반드시 걸어서 다음 목적지까지 갈거야."라고 말하는 내게 여자는, 그냥 함께 택시를 타자며 '꼬드긴다.' 꽤 오래 고집을 부렸지만 결국 아킬레스 통증을 이기지 못했다. 어딘가에서 택시를 불렀고, 택시가 오길 기다리며 이야기를 계속한다. 변호사로 일하고 있고, 세 아이의 엄마라고 했다. 막내 아들은 아스퍼거 증후군이라 했다.

택시를 타고 오 페드로조의 알베르게에 도착했다. 체크인 후 침대를 배정받으려는데, 독일인 순례자 크리스가 반갑게 인사한다. 세 딸의 아빠인 크리스는 두 딸과 각각 한 번씩 까미노를 걸었고, 이번엔 열두 살 막내딸과 걷고 있다.

배낭에 있는 사과와 감자 칩으로 저녁을 대신하고 크리스가 준비한 와인을 다른 순례자들과 테이블에 둘러앉아 함께 마신다. 마지막 날인지라 다들 완주증(크레덴시알)에 관심이 많다. 나는 첫 까미노에서도 완주증은 받지 않았고, 이번에도 받을 생각이 없다고 말하니, 크리스가 말한다.

"다른 사람 이름으로 받아도 돼. 우리 이모도 다른 사람에게 '헌사'하셨거든."

이거였다.

아빠에게 헌사해도 된다는 말을 직접 하지는 않았지만, 그가 이 말을 해주는 의도를 짐작할 수 있었다. 서른일곱 날을 걷는 동안 많은 순례자들과 속 깊은 이야기를 주고받으면서도 한 번도 듣지 못했던, 알지 못했던 사실을, 산티아고 입성을 15시간 남겨 두고 계획에 없던 알베르게에 택시까지 타고 와 머물게 된 이유가, 크리스를 다시 만나게 된 이유가 있었다.

순례길을 함께 걸어 준 아빠에게 이보다 더 좋은 선물이 있을까.

어릴 때 가장 이해하기 어려웠던 어른들의 말. "눈을 보면 알 수 있어."
사실이었다. 어떤 소리도 내지 못하지만 그렇기에 더욱 많은 것을 품고 있다는 것을, 한마디도 못하는 것이 실은 수만 마디를 뱉어내고 있다는 것을, 나이가 들어가던 어느 순간부터 이해하기 시작했다.

순례길을 걷는 적지 않은 이들의 눈에는 슬픔이 묻어 있다. 다 큰 아들 둘을 떠나보낸 아그네스 할머니. 철의 십자가에서 슬프게 울던, 개와 함께 걷던 순례자. 남편과 걸었던 순례길을 이혼 후 다시 혼자 걷는다던 순례자. 어릴 때 부모님이 이혼했고 같은 나라에 살고 있지만 아빠와 만나지도 연락하지도 않는다던 순례자. 암에 걸린 엄마를 위해 걷던 순례자. 이십대 초반에 형을 잃은 순례자. 엄마를 잃은 어린 딸과 걷는 순례자. 쉰이 훌쩍 넘은 나이에도 아버지의 죽음에 비틀거리는 순례자.

순례길 위에서 마주한 그 눈들에 담긴 '흔적'들.
누군가는 내게서 읽었을 그 '흔적'.

지나는 고통이란, 지나는 슬픔이란 없을지도 모른다. 흔적이 남은 눈은 여전히 고통과 슬픔을 잔뜩 뱉어내고 있으니, 지나가는 것은, 그런 것은 존재하지 않을지도 모른다. 하지만 그럼에도 그들 모두, 흔적이 남은 그 눈으로 여전히 걷고 있었다.

걸음을 멈추지 않고 있었다.

1070일

오 페드로조 –산티아고 데 콤포스텔라 (5075 걸음: 4시간 34분)

배낭을 챙겨 알베르게 마당으로 나오니 다른 순례자들은 모두 떠났는데, 크리스와 그의 열두 살 딸이 나를 기다리고 있다. 크리스가 말한다. 산티아고까지 함께 걷자고. 아마도, 이미 여러 번 산티아고에 입성해 보았기에 혼자 걸어 들어갈 내가 안쓰러웠던 것일지도 모르겠다. 하지만 미리 약속을 하지도 않았고, 무엇보다 혼자 걸어 들어가고 싶었기에, 마지막 여정을 오롯이 혼자 담고 싶었기에 당황스럽다. 게다가 크리스의 열두 살 딸내미의 눈빛이 어딘지 모르게 쭉 불편하다. 사람의 눈은 정말이지 너무 많은 말을 한다. 기다려준 것이 미안하고 고맙지만, 발목이 아파 천천히 걸어야 한다고, 폐를 끼치고 싶지 않다고 말하며 먼저 보낸다.

그렇게 나는 홀로 산티아고 데 콤포스텔라에 입성했다. 눈물이 날지도 모른다고, 주책 맞게 펑펑 울어댈지도 모른다고 생각했지만 웬걸. 뿌듯함도, 기쁨도, 슬픔도, 심지어 허전함도 느껴지지 않았다. 환영 트럼펫을 불어주는 연주자 옆을 무심히 지나쳐 곧장 숙소로 향했다. 길 위에서의 매일이 찬란했다고, 넘치도록 충만했다고 말하던 순례자의 엔딩이라기엔 지나치게 무미건조했다.

상관없다. 이미 많은 것을 얻었다. 서른일곱 날. 그 시간 동안 그 길 위에서 마주했던 모든 것들이 나를 치유했다. 내가 함께 울어준, 그리고 나를 위해 울어준 순례자들이, 내가 두 발로 걸어낸 그 길들이, 그 길에 함께 했던 해, 바람, 나무가, 그리고 아빠가 나를 보듬고 치유했다.

고맙다. 산티아고. 또 보자!

아빠! 아부지! 수고하셨습니다!

도착! 아부지! 수고하셨습니다!

다시, 따사롭게 걷기

after the Camino

떠난 이와

좋은 시간 좋은 곳에서

다시 함께 걸을 수 있을 테니

멈추지 말고 걸어 봐

1071일 (산티아고 데 콤포스텔라)

산티아고 데 콤포스텔라에서 출발해 유럽의 땅끝 피니스테라와 성모 발현지인 묵시아로 가는 버스 안이다. 걷기는 끝이 났지만, 아빠의 여권과 바람막이는 오늘도 함께 한다. 버스 안은 가족과 함께 앉은 백발의 할머니 할아버지들이 가득하다. 저들은 전생에 어떤 선행을 쌓은 것일까.
나의 아빠에겐 왜 저런 기회가 주어지지 않았을까…

배낭 없이 버스로 이곳저곳을 편히 돌다 보니, 반드시 배낭과 함께 걸으라고 말하던 순례자가 문득 떠오른다. 그럴 필요가 있을까. 정답은 없다. 각자의 상황에 따라 선택하고 그런 후엔 그저 만족하고 책임을 지면 그뿐이다. 짐이 될 수도, 동앗줄이 될 수도 있는 배낭을 짊어질 것인지 내려놓을 것인지는 오롯이 걸어내는 이의 몫이다. 각자의 깜냥대로, 속도대로, 취향대로 걸을 수 있으면 충분하다. 정답처럼 보였던 많은 것들이 시간이 지나 돌아보니 오답인 경우가 허다한데 누구에게나 들어맞는 정답이 어디 있을까.

아킬레스건 통증으로 순례길 내내 힘들었음에도, 굳이 배낭을 메고 걸었던 이유는 두 가지였다. 큼지막한 배낭을 메고 걸으면, 나와 배낭이 한 덩어리로 인식돼, 개가 함부로 다가서진 않겠지라는 절박함. 그리고, 넘어질 경우 큰 부상을 막기 위한 방편. 일종의 고육지책.

37일간 네 번의 동키(donkey) 서비스를 이용하고 배낭 없이 가볍게 걸었다. '불량 순례자'가 된 것 같은 민망함도 잠시. 사뿐한 발걸음에 걷는 길이 내내 천국 같았다. 지나치는 크고 작은 모든 것들에 눈과 귀를 온전히 내어 놓고 웃을 수 있었다. 배낭의 무게에 눌리던 어떤 날은 오로지 그날의 목적지에 빠르게 도착하는 데만 정신이 팔려 길 위에서 마주치는 것들을 무심히 지나쳤다.

배낭 없이 걷는 이에게, "내가 걸어보니 배낭과 함께 걷는 것이 더 좋더라"라고, 당신의 길도 그랬으면 좋겠다는 조언도, 평가도, 판단도 필요치 않다. 내가 들어올리지 않은 배낭을 아쉽게 돌아 보지 않고, 내 앞에 놓인 길을 담담하게 걸어내면 되지 않을까.

걸어내는 것으로 충분하고,
살아내는 것으로 충분하다.

0km 비석이 있는 곳에 도착했다. 아빠의 바람막이 자켓을 십자가와 비석에 단단히 묶어준 후 사진을 찍어 엄마에게 보냈다.

다시 버스에 올라 다음 목적지인 피니스테라로 가는 중 결국 울음이 터진다.

얼굴도 모르는 윗대의 어느 조상이 아닌데,
내 옆에서 숨 쉬던 아빠인데,
그런 아빠의 옷을 십자가에 묶어 주었다.

여행을 좋아하던 아빠의 여권.
매일 알베르게에 도착하면 아빠의 여권에도 스탬프를 찍었다.

1072일 (산티아고 데 콤포스텔라)

산티아고 성당 앞 식당에서 아그네스 할머니, 끌로드 할아버지와 저녁을 함께 했다.

와인 때문이었을까.

"언제 아들들이 가장 보고 싶으세요?"

짧은 침묵이 흐른다. 할머니의 입술이 떨린다. 다시 말을 하시려는데 또 입술이 떨린다. 할머니의 눈에 눈물이 오른다. 항상 웃던 슬픈 눈에 눈물이 가득 차버린다.

멍청했다...
낯선 동양인 순례자 앞에서 잘 감추셨던 '흔적'을 건드려 버렸다.
할머니의 좁은 양쪽 뺨에 넓적한 눈물이 흘러 내린다.

"가장 보고 싶은 그런 순간 같은 건 없어. 매일 매 순간 아들들이 보고 싶으니까."

......

와인 때문이 아니었다.

그저 확인하고 싶었다.

10년이면 슬픔도 투명해질 것이라고, 눈물도 제 자리를 잃을 것이라고.
강산도 변한다는 그 10년이면 충분할 것이라고.

1073일 (포르투갈 포르투)

포르투 도착.

1081일 (포르투갈 포르투)

포르투에서의 마지막 밤이다. 내일은 다시 스페인의 세비야로 넘어간다. 큰 기대는 없다. 구석구석 관광객이 넘쳐흐르는, 그렇지만 아름다운 노을과 매일 듣고 싶은 파두(Fadu)가 있는 이곳 포르투에서도 매일 생각했으니, '까미노가 좋았다...'고.

물집을 꾹꾹 밟아가며, 아킬레스 통증을 참아가며, 화상을 견뎌가며 그렇게 저벅저벅 걷고, 웃고, 울었던 순례길 위가 곱절은 좋았다고.

하지만 언제까지 구름 위를 걸을 수는 없으니 천천히 깨어나 다시 땅을 밟을 준비를 해야지. 내려올 준비를 해야지.

포르투 마토시뉴스 해변의 석양

삶은, 가끔 해가 비추어 내리는 고행이 맞지?

1083일 (스페인 세비야)

세비야에서의 둘째 날이다. 어제 첫 플라멩코 공연을 본 후 흠뻑 빠져버리는 바람에, 오늘 다른 극장에서 다른 댄서들의 플라멩코를 또 관람했다.

어느 생에서 한 많은 집시로 살아보기라도 한 것일까. '칸테(cante)'라고 불리는 남자 가수의 구슬픈 노랫가락이 뭉근하게 속을 데운다. 그 가락이 밤새 귓전에 머무른다.

스페인 광장을 둘러본 후 걸어서 숙소로 돌아가는 길. 밤 열 시가 되어 가지만 위협적으로 느껴지는 것은 없다. 앳되어 보이는 동양 청년이 프랭크 시나트라의 〈마이웨이(My way)〉를 연주한다. 세비야의 주황빛 밤에 더할 나위 없는 선곡이다.

세비야. 따뜻하고 편안한 곳이다. 혹시 이곳에서 할 수 있는 일은 없을까 잠시 생각한다. 한 달 정도 살아보면 좋을 곳이다.

1084일

이대로 세비야를 떠나기는 아쉽다. 비행편을 바꾼다.

오늘 점심은 세비야 공항에 내려 숙소로 가는 버스에서 만났던 영국인 순례자 마리와 함께 먹었다. 내 배낭의 노란 화살표 핀을 본 그녀가 말을 걸었고, 자신은 포르투갈 길을 걸었다며 반가워한다. 버스에서 내려 각자의 숙소로 헤어질 때 번호를 주고받으며 마리에게 말했다.
"미리 약속하지는 말자. 대신, 세비야에서 다시 우연히 마주치게 되면 그 때 맛있는 밥을 함께 먹자."

아무래도 나는, 마음에 드는 어구를 맹신하는 경향이 있는 듯하다.

'인연이 있으면 만나겠지..'

마리와 나는 단 한 번도 마주치지 못했고, 며칠 후 마리가 메시지를 보내온 후에서야 점심 약속을 잡았다.

나는 32유로의 빠에야를, 그녀는 간단한 스낵을 주문했다. 빠에야는 실망스러웠다. 마리의 표현을 빌리자면, "끔찍"했다. 그녀가 말한다. "이렇게 맛이 없으면 계산하지 않아도 돼." 각자 먹은 음식을 계산하면 되는 것이기에, 돈을 아끼려는 꼼수는 아니다. 그렇지만 나는, 동방예의지국, '조선의 딸'. 한국인의 정서로는, 아무리 맛이 없기로서니 음식을 먹고 계산하지 않으면 그냥 '먹튀'.
"그래도 계산을 안 하는 건 불편해. 어쩔 수 없지 뭐. 기부했다 생각해야지."
마리가 다시 말한다. "네가 괜찮다면 내가 대신 말해줄게."

당당하게 식당 안으로 들어간 그녀가 잠시 후 가벼운 얼굴로 돌아온다. "너, 빠에야 값 내지 않아도 돼."
고마울 일인지 판단이 서지 않지만 어쨌든 고생했다. 고맙다. 마리.

식사 후 자리를 옮겨 달콤한 타르트를 먹으며 마리가 말한다.
며칠 전이 엄마의 10주기였다고.

10년은 결코 긴 시간이 아니라고 그녀가 말한다.

저녁 6시 38분. 세비야의 어느 광장에서 상그리아를 두 잔째 마시고 있다. 옆 테이블의 영어, 지나는 사람들의 스페인어, 바람 소리, 아이들이 떠드는 소리.

내가 지금 듣는 이 소리들은, 아빠가 병원에 누워 눈도 뜨지 못한 채 들었던 소리들과 어떻게 다를까. 아빠는 그 많은 소리들을 어떤 마음으로 듣고 있었을까.

귀에 무언가를 속삭일 때면 양쪽 눈 앞머리에 맺히던 크고 투명한 눈물방울.

아빠는 그 모든 소리들을 들으며 무슨 생각을 했을까.

1088일 (스페인 세비야)

세비야의 한 카페에 자리를 잡고 앉아 순례길의 기록들을 정리한다. 오늘 기온은 36도. 체감은 40도는 족히 되지 않을까. 햇볕 아래서 1분을 버티기도 힘든 날이지만 세비야의 말들은 오늘도 쉬지 않고 움직인다. 사람에게 저리 일을 시키면 한 시간은커녕, 10분도 넘기지 못하고 울며 애걸복걸할 텐데. 말이 끄는 마차에 오르기 전, 푹 떨궈진 말의 고개와 눈을 한 번이라도 바라본다면 다시 걸어 내려와 두 발로 걸을 수밖에 없을텐데.

...말의 눈을 보지 못한 것일까. 보지 않은 것일까.

몇 번을 생각하다 결국 주섬주섬 짐을 챙겨 나간다. 물을 사다 먹여줘도 될지 물으려고 서 있는 말들 가까이 다가가는데, 말이 서 있는 옆으로 작은 수도꼭지가 눈에 들어온다. 다시 발걸음을 돌렸지만, 고개가 자꾸 말에게 향한다.

보트 패들링이 시작되기 1시간 15분 전. 수영도 못하는데 상그리아를 석 잔을 들이킨다. 다리 건너까지 걸어가야 하는데 비틀거릴지도 모르겠다. 무슨 상관. 나를 아는 사람이 아무도 없는 이 먼 땅에서 좀 비틀거린다고 혀가 좀 풀린다고 딴지 거는 이가 있을리 만무하다.

패들링 시작 직전. 강사에게 부탁한다. 수영을 못하니 나를 '예의주시' 해달라고.

붉은 노을이 쏟아져 내리는 과달키비르 강 한 가운데서, 얇은 보트 판 위에 무릎을 꿇은 채 올라 앉아 양손에 노를 쥐고 조심스레 물살을 가른다. 왼쪽 오른쪽 조심스레 방향을 바꿔가며 천천히 이사벨 다리를 지난다. 삼십여분이나 지났을까. 강사가 말한다. 보트 위에서 천천히 일어나 보라고. 조심스레 일어나 보는데 신기하게도 이게 된다. 그렇게 몇 분... 첫 도전인 것을 감안하면 꽤 근사하게 버티고 있었는데, 갑자기 눈 앞에 수초 덤불이 나타난다. 순간 당황해 비틀거리다 물에 빠진다. 아홉 중 둘이 빠졌는데 그 중 하나가 되었다. 강사에게 수영을 못 한다고 귀띔 해 두길 잘했다. 다행히도 그가 바로 옆에 있었고, 어설퍼 보이던 구명조끼도 제 역할을 톡톡히 해냈다. 궁금했던 구명조끼의 효과를 몸소 체험했다.

1089일 (스페인 세비야)

다섯번째 플라멩코 공연을 관람한 후 과달키비르 강 옆 식당으로 들어가는데 웨이터가 나를 보며, "오, 상그리아!"라며 웃는다. 나는 세비야에서 '상그리아'가 되었다.

4인 좌석에 혼자 앉으려니 눈치가 보여, 한치와 상그리아에 샐러드까지 무리해 주문한 후 가만히 강을 바라본다. 가로등에 비친 주황빛 물결이 예쁘다.

스페인의 바(bar)는 아이부터 할머니 할아버지까지 나이를 불문하고 찾는 사랑방 같다. 옆 테이블엔 아빠, 엄마, 열 살쯤으로 보이는 딸이 앉아 있는데 그 엄마가 내게 묻는다. 어디에서 왔냐고. 자신들은 프랑스에서 왔다고. 한국인이라 답하니 이제는 익숙해진 그 반응을 보이며 웃는다. 런던이든, 산티아고든, 세비야든, 사람들의 반응이 한결같다. 〈기생충〉과 〈오징어 게임〉에 고마워 해야 할까.

왼쪽 테이블에서는 프랑스어가, 오른쪽 테이블에서는 스페인어가 춤을 춘다. 입으로 신나게 춤을 추는 사람들을 가만히 듣고 있다. 이해할 수 없는 그 춤들 위로 나도 한번 살며시 올라타 본다.

한참을, 흐르는 물결을 바라보며 앉아 있다. 넘치도록 평화롭다. 기타를 맨 중년의 남자가 비틀즈의 〈렛잇비(Let it be)〉를 연주하며 지나간다. 사람들에게 은근히 전하는 메시지일까. 물결처럼 그저 모두 흘려보내라는 선곡일까.

가로등에 비친 물결들이 한 올 한 올 이사벨 다리를 향해 흐른다.

마음의 어느 한 곳을 긁고 간 슬픔은

다시 거슬러 오르지도

머무르지도 않고

저 물결처럼 그대로 흘러가기를,

한없이 보고 보고 보다 보면

나 또한 그대로 배울 수 있기를,

세비야 과달키비르 강

1090일 (스페인 세비야)

해가 떨어지면 꿈쩍도 하지 않는 겁쟁이가, 자정이 가까운 시간에 비틀거리며 이사벨 다리를 건너 유유자적 숙소로 걸어 돌아오다니. 세비야가 큰 일을 한다.

숙소에 도착 후 곧장 옥상으로 향한다. 어제도 분명 있었을 해먹이 이제야 눈에 들어온다. 스윽 들어가 본다. 해먹은 흔들려야 해먹 아닌가. 어떻게 해야 흔들리는 거지. 양팔을 몸통에 착 붙인다. 두 다리를 가지런히 붙인 후 몸을 흔들어 본다. 뜻대로 되지 않는다. 가만히 누워 까만 밤하늘을 바라본다. 새까만 밤하늘을, 별을, 달을 바라본다.

마음 하나가 솟는다.

여지없이 미안함이 따라 붙는 그 마음 하나가 또 솟는다.

… 이토록 잘 지내는 것을 보면 안심할 아빠니 미안함은 느끼지 말자.

1097일

아빠의 세 번째 기일.

나는 오늘 아빠 사진에 절을 하면서도 울지 않았다. 액자 속 아빠에게 무릎을 꿇고 고개를 숙여 절을 하고 있다는 사실이 전만큼 비현실적이지 않았기에 절을 하면서도 울지 않았다.

절을 하면서도 울지 않았다는 것이 미안해 늦은 저녁 방에서 혼자 울었다.

1101일

다시는 절에 가지 않겠다는, 108배 따위는 하지 않겠다는 원망이나 분노가 녹은 것일까. 깊은 원망이, 분노가 어느 바람에 실려 갔는지 나는 오늘 절을 찾아 하룻밤을 보냈다.

바사삭 쪼개졌던 마음이 붙어가고 있다.

제 자리를 찾아 천천히 천천히 움직이고 있다.

저 산 너머로 날아가 보면 좋겠다고

작은 머리로 생각해 보지만

회색 산에 발길을 두고 감히 떼질 못한다.

푸른 산을 내내 바라보며 회색 산 위에서 빙빙빙 돌기만 한다.

애쓰지 마요

시간이 가고 먼지가 쌓이겠지만
깃털 같은 먼지가 바람에 날리면
언제든 다시 올 테니 애쓰지 마요

그저 햇살로 덮어요
그러다 보면 열흘 한 달 두 달
오래도록 먼지가 쌓이는 날들이 또 올 테니
그저 햇살로 덮어요

살아질 테니 노래해요

공연히 애쓰지 마요

1131일
무지개 같은 것은 품지 못하고 살아도 좋으니, 단조롭고 고독해도 좋으니, 누군가를 먼저 보내는 일만은, 누군가의 뒤에 남겨지는 일만은 다시 없게 해달라는 말이 되지 않는 기도를 또 정성들여 해 본다.

부처님께. 하느님께.

1221일
누군가의 위로가 '적절'하다고 떠난 이들이 돌아와 주지는 않으니, 누군가의 위로가 '부적절'하다고 그들이 돌아오지 못하는 것은 아니니, 아픈 위로는 흘려보내자. 날카로운 위로는 품지 말자.

그냥 그렇게 나도 좀 철이 들자.

오늘도 바람을 타고 아버지가 서너 번 다녀갔다

후회스럽다,

아빠의 어린 시절을
학창시절을
젊은 시절을 묻지 않은 것이.

눈을 크게 뜨고 반짝거리며
아빠의 길을 삶을 묻지 않은 것이.

남산을 걸으며 늙은 아내와 딸에게
초등학교 때 친구를 꼬드겨 기차를 타고 서울로 가출했다던
귀여운 고백을 하는 아빠에게
다른 얘기들도 더 해달라 조르지 않은 것이.

온 몸 어딘가에 촘촘히 스며들어 있을 슬픔을
꼼꼼히 긁어 모아 저울에 달아 보면

잘 살아내고 있는 사람의 슬픔이 더 무거울지도
잘 살아내지 못하는 사람의 슬픔이 더 가벼울지도

그러니 누군가의 마음을 재어 볼 이유가 없다

결국엔 우리 모두 각자의 짐을 지고
각자의 인생을 살아간다

각자의 무게로 슬퍼할 수 있게 두자
그냥 놓아두자

나무도 날개도 아니었다면

처음부터 없었다면

가진 적이 없었다면

비틀거리지 않았을지도 모르니

삶은 분명 어느 만큼은 공평한 것인지도 모르지

1301일

아빠 꿈을 꿨다. 세 평이 될까 말까 한 작은 공간이다. 한 달에 이십만원이라며 아빠가 말한다.

"그래도 간식도 주고 좋아."

양쪽의 옆방들과 블라인드 하나로 가려져 있어 다른 사람들의 얼굴과 목소리가 생생하게 보이고 들린다. 사생활이 없겠다며 내가 뾰루퉁하니 아빠가 말한다.

"저 쪽으로 가면 벽으로 가려진 더 넓고 좋은 방들도 있어."

이런저런 얘기들을 아빠와 한다. 곧 세례를 받는다고 말하며 엄마와 내 세례명을 알려 드리는데 내 세례명에는 반응이 없으시다가 엄마의 세례명을 들으시더니, "아... 좋다!"라며 감탄하신다.

그러다 어느 순간 아빠의 몸이 영화에서 보듯 투명해지며 천천히 사라지기 시작한다. 아빠가 소리를 내지 않고 입 모양만 크고 뚜렷하게 만들어 내게 말한다.

"울어, 마음대로 울어. 다 쏟아내. 그리고 잘 살아."

에필로그

얼마 만큼의 시간이 지나야 회복될까. 무엇이 회복이고 치유일까. 굳이 회복되거나 치유되어야 하는 걸까.

3년이 넘는 시간이 흘렀고, 그 사이 스페인의 산티아고 순례길을 두 차례 걸어냈다. 순례길 위에서 그리고 그 후 일상의 길 위에서, 치유되었다고 생각되는 순간들이 있었지만 여전히 어느 날은 넘친다 싶을 만큼 눈물을 쏟아낸다. 하지만 분명 그런 날들의 간격이 조금씩 멀어지고 있고 이제 나는 다시 비 온 뒤의 흙과 나무 내음에 마음이 아릿하게 설레는, 하고 싶은 것들이 많은 예전의 나로 돌아왔다.

언제든 길어 올려지는 어둡고 차가운 깊은 우물이 저 바닥에 존재하지만 상관없다. 상실로부터, 슬픔으로부터 회복되거나 치유되지 않아도 해를 바람을 나무를 품을 수 있음을 알게 됐으니 그것으로 충분하다. 아그네스 할머니의 말처럼 '절대 극복되지 않는 슬픔'이 있기에, 회복이나 치유를 바라기보다는 무탈했던 나의 옛 세상에 뒤집힌 새로운 세상을 덮어 씌우는 것이 나을지도 모른다.

아빠가 하루 아침에 흔적도 없이 사라져 버린 후, 상실을 먼저 겪은 누군가의 조언이, 희망적인 위로가 절실했다. 누구에게든 듣고 싶었다. 괜찮아질 것이라고. 살아질 것이라고. 고통도 결국 시간 앞에 무릎을 꿇을 것이라는 어떤 증거 같은 것이 필요했다. 어쩌다 건네지는 '위로'들은 무디다 못해 날카로웠고, 드러내지 못한 슬픔은 길을 잃고 헤매었다. 나의 슬픔은 그저 나의 물결이 흐르는 속도에 맞게 흘려보낼 것이라고, 천천히 묻어갈 것이라고도 말하지 못했다.

그리고 그렇게 비틀거리며 내딛은 걸음들. 두 번의 산티아고 순례길. 그 길 위에서 마주한 기적들로 상실의 구덩이를 메꾸고 채우며 생각했다. 나만큼이나 '나약'하고 '엄살이 심한' 애도하는 어른들에게, 남겨진 어른들에게 말해주자고. 이름표도 갖지 못하는 '철 없는' 어른의 애도지만 드러내어 슬퍼해도 괜찮다고. 회복되거나 치유되지 않아도 괜찮다고. 두 발을 쭉 뻗고 목 놓아 울어도 괜찮다고. 자식도, 배우자도 아닌, '고작' 아버지를 잃은 것 뿐이지만 비틀거려도 괜찮다고. 그러다 보면 어느 마땅한 때, 빼곡했던 슬픔의 틈을 기어이 비집고 햇살이 바람이 스밀지도 모른다고. 노란 꽃이 피어날지도 모른다고. 다시 노래하며 걸을 수 있을지도 모른다고. 단단하게 차오른 고름 덩어리가 함께 어깨를 맞대고 나란히 걸어주는 동행에 녹아내릴지도 모른다고…

세상이 뒤집혔다는 것이 끝을 의미하지는 않음을, 뒤집힌 세상 안에서도 여전히 존재할 수 있음을, 날개가 부러진 새도 다시 날 수 있음을. 나는 그랬다고. 그러니 어쩌면 당신도 혹시 그럴 수 있을지 모른다고 말해주고 싶었다.

… 말해주고 싶었다.
… 살아질 것이라고.

> 지금 울고 있는 누군가,
>
> 그 길 위의 모든 것들을 마주하고
>
> 다시 웃을 수 있기를.

예전의 눈과 표정은 사라지겠지만
여전히 웃고 사랑할테니 절망하지 마
너의 그 눈과 표정이 다시 찾아올테니
잠시만 버티어 보기를 바라.

어느 날은 웃고 어느 날은 울겠지만
조금씩 조금씩 더 자주 웃게 될 거야.

웃는 순간에도 슬픔이 찌르는 순간이 찾아와
어느 하루 온전히 웃는 날이 아직 많지 않을테지만

해와 바람을 느낄 수 있음에
온전히 두 발로 걷고 있음에
살아내고 있음에
또 웃을 수 있을테니 멈추지 말고 숨을 쉬길 바라.

떠난 이와
좋은 시간 좋은 곳에서
따사롭게 다시 함께 걸을 수 있을 테니
멈추지 말고 걸어 보길 바라.

모든 떠난 이들을 위해.

모든 남은 이들을 위해.

-변진섭, 〈아빠가 딸에게〉

햇살을 닮아 맘이 따뜻한 너에게 무슨 말을 할까?
구름을 닮아 선한 눈빛을 가진 너에게 바라는게 없지만

첫 번째 따뜻한 그 마음 어른이 되어도 남아있기를
자신보다 남을 생각하는 사람이기를 누군가에게 위로가 되기를

두 번째 살다보면 가끔 울고 싶은 날이 있을테지만
비가 내린 후에 피어있는 장미꽃처럼 슬픔이라도 꼭 안아주기를 바래

세 번째 맘이 가는 대로 꿈을 따라가는 사람이기를
세상이 말하는 것들보다 하고 싶은 것 행복할 수 있는 것을 찾기를

네 번째 욕심내지마라 함께 살아가는 세상이란다
어떤 음악 속의 저마다의 악기들처럼 어우러져야 감동이 있듯이

어린 아이가 자라, 소녀가 되고 어른이 되어 살아가는 것
그것만으로 축복인거야

마지막 누군가를 만나 너도 너를 닮은 아이를 낳고
내가 너에게 준 사랑보다 더 많은 사랑 줄 수 있는
예쁜 엄마 되기를 바래